魔女っ子たちの図書館学校

大島真理　編著

魔女っ子たちの図書館学校

はじめに

２０１５年夏、前著作の打ち合わせも兼ねて編集者の登坂さんにお会いした。その時、「教え子さんたちと本をつくりませんか」という思いがけない話を頂いた。そこからこの本作りが始まった。教え子たちには、時々私信の「シェラクラブ通信」にブックレビューを寄稿してもらっていた。それを中心に据え、執筆者は「シェラクラブ通信」の読者、つまり常時コンタクトがある教え子たちにした。幸いなことに数人が司書として図書館で働いている。

第一部はシェラクラブ、つまりジェシー・シェラの本を一緒に読んだ教え子たちを中心に、「司書のつぶやき」的な図書館関係のことを書いてもらった。また、図書館に勤務している人だけではないが、生活の中での、自らの中でつながって行く図書館をテーマとした。

第二部はゼミでのこと、ほとんどが思い出になってしまうが、本を読むという実践がその後ゼミ生たちに何をもたらしたのか。それから当時『図書館の魔女』という手作り絵本をプレゼントされた。それは忘れえぬ大切な本となり、この本の一つの基盤となったともいえる。タイトルもそこから敷衍《ふえん》したもの、表紙は絵本で絵を担当した永野早紀さんにお願いした。

第三部はブックレビュー、執筆者の一押しの本のレビューは、バラエティに富んでいる。ここに「独断のプロフィール」を付記した。全く公平性も客観性も欠いた？　個々の執筆者に対する私の印象、思い出を書いている。

前記のような内容になったが、現在の図書館事情も少し覗け、執筆者各自の本との関わりも見えてくるのではないかと思っている。また本を読むことで培われたものが、時間を経て個々にどのような影響を及ぼしているか、少しでも何かを感じていただければ幸いである。

平成二十八年五月

編著者　**大島　真理**

〈目　次〉

パートⅢ◆魔女っ子たちのブックレビュー

パートⅣ◆番外編　食卓を囲んで……143

パートⅠ◆シェラクラブ編
―司書のつぶやき

シェラクラブの来歴

「……さすれば、先生と私たちとの時間は〝シェラクラブ〟となるわけで……」、当時話題になっていたミステリー『ダンテ・クラブ』をもじって、教え子の手紙にあった言葉である。舞台はアメリカ、ダンテの『神曲』を読む読書クラブで殺人が起こるミステリーから偶然生まれた言葉であった（『司書はときどき魔女になる』）。

思い起こせば十数年前になろうか、司書には常に研修が必要ではあるが、現場の事情から言って勤務時間内にそれをするほどの余裕はなかった。大学図書館には語学力が必須である。ちょうど教え子たちが数人図書館で働いていた。意欲のある彼らと、昼休み週一の割で、英語の原書を読むことにした。語学力をあげるためには、未翻訳のものがいい。書庫を当たって見つけたのがIntroduction to library science: basic elements of library service by Jesse H.Shera.(Libraries Unlimited, 1976) である。図書館史上に名を残した人物でもあるしと、それほど厳密な選択ではなく読み始めた経緯がある。

しかし、序論を読んで琴線に触れる部分があったのだと、今になって思う。図書館学の「最終ゴールは、個々の人間が自らと、自分がその一部であると世界を認識するための手助けをする」という言葉、実践学的部分が多いそれに、背後にある哲学に気づかされたと言ってもいい。そして根源的には人文学的事業でもあると……図書館史を古代史から振り返り、壮大な歴史の中で、紆余曲折を経ながらも続いてきた図書館という存在を、改めて認識したといっても過言ではない。自著にも書いてきたことであるが、蔵書を〝リース（花輪）を作る〟という比喩を用い、知の統一性を求められることをうまく表現している（『司書はときどき魔女になる』）。この本を読むことによって、図書館の基本理念を私自身も学んだといってもいい。だから一緒に読んだ教え子たちにも、図書館概念のバックボーンが出来たのではと、ひそかに自負する所でもある。

昼休みに原書を講読する時間は長くは続かなかった。私自身教員身分になり、授業数が大幅に増えたこと、一緒に読んでいた教え子たちがバラバラになった。他の部局に異動になった人、別の職場に行った人など等で図書館での勉強会は

止めざるを得なかった。その代わりとして、わが家（当時仙台市八木山に住んでいた）で２００６～２００７年にかけて会合を開いていた。

居宅は八木山動物公園の真ん前で、皆が帰るのはいつもシンデレラタイムだった。真夜中にタクシーをつかまえるのは容易な技ではなく、しばらく外で立ちんぼ状態だった。そしてそれと同時に蘇ることがある。真夜中には動物園の動物たちが野生に戻るのだ。彼らの咆哮《ほうこう》にも近い鳴き声が耳に残っている。

さらに驚くべきことに、会則があった。２００６年から一年間の記録ノートがある。その冒頭、書いたことさえ忘れていたが、私が書いたものである。

一　図書館が好きなこと
一　本が好きなこと
一　言葉が好きなこと
一　食べるのが好きなこと

そのノートを繰っていくと、ブックレビューの本の記録、書記が感じたこと（回り番で書いた）、そして食事メニューが一番克明に記録されていて驚く。

面白トピックス　流行語大賞

シェラクラブの面々は、言葉に敏感で日常会話でも可笑しな表現が多々あった。職場の人間関係の憂さも、これで大いに解消されたものである。残念ながら、全部の記録が保存されておらず（粗忽者《そこつもの》が代名詞である筆者が消してしまったが）2004年は以下のようである。因みに副賞の優勝カップもネットで購入し、TFUL（東北福祉大学図書館の頭文字）と入れてもらっている。

表彰状

○○様

TFULIB流行語大賞委員会

2004年TFULIB流行語大賞は〝総白髪（そうしらが）〟に決定！

厳正かつ公正な○○委員の選定により、上記のようにきまりました。

副賞を添えて表彰します。

Anecdote
「あの人と暮らしたら、一晩で〝総白髪〟になる」

話の前後は忘れましたが、あの人は誰かご想像におまかせします。

なお、他のノミネート語は〝いちゃもんズ〟もあったことを記しておきます。

（記録　大島）


２００６年は「（頭が）チョイワル」、番外賞は「移送待ち」とある。これは拙著『司書はふたたび魔女になる』に同タイトルで載せているが、その意味する所はこうである。図書館の本のラベルには所在を示すものがあるが、当時東京の某大学図書館で働いていた教え子の話である。その図書館には「〇〇書庫移送待ち」というロケーション記号があるというのだ。どこか日陰者のような「可愛そうな本」のイメージが広がり、次に寒々とした書庫が浮かび、「北の宿から」の「着てはもらえぬセーター」にまで皆の話が飛んだ。凄い想像力である。大爆笑で話は閉じるが、このようにふざけたことを、非常に真面目にやっていた。仕事上嫌な思いをしても、相手へのダイレクトな悪口よりも、それをウィットで乗り切り、面白い言葉に変換するセンスに皆が長けていた。

因みに嘲笑をかった他の迷言集を付け加えると、「何で蔵書が増えるんだ？」書庫の狭隘《きょうあい》化についての反応である。図書館で毎年蔵書が増えるのは自明の理、なのにこんなことを言う人がいた。

目録をとっている同僚と私を見て「仕事中に本を読んでいる人がいるけれども云々」とイチャモンをつけられたこともある。本を読む、書誌情報をチェックしなければ目録は作成できないのですよ。本質的に〝本を読む〟こととは全く違う作業であるけれど、専門外の人にはそのように映るのだろうか？

学生用端末にインターネットがつながった時「なんだこれは、ヤホーではないか」Ｙａｈｏｏ！を文字通りに読んだ人がいた。皆がのけぞったこの事件は、流行語大賞２００５年「アホーが開けば〝ヤホー〟になる」に結実した。

そよの本棚

長峯　里恵

長女そよは六歳、幼稚園児である。長い休みの前になると幼稚園から絵本のカタログが渡される。買う買わないは別として、まずはそれを親子で眺め楽しむのが恒例行事である。今回のこどものとも社の申し込み封筒には「生きる力は絵本から！」とある。なんだかとても力強く前向きでいいなと思った。

初めて娘に絵本を読んで聞かせたのはいつ頃だったのだろう。言っていることがわかるようになった頃だから、一歳になるかならない頃だろうか。初めての絵本は、大島先生に勧められて求めた『くつくつあるけ』（林明子著　福音館書店刊）だった。何しろ向こうもこちらも初めての経験、どのような反応をするか楽しみにしていた。が、どうだろう。ちゃんと話を聞かない、絵を見ない、ページをめくるのがただ楽しいという様子だった。初めて出会った本、ページをめくるのも初めてで、遊び道具になってしまっていた。なんだか拍子抜けしてしまった。何事も過度の期待はするべきではない。ことに育児に関しては。もしかしてこの本が嫌いなのかなと思っていたある日、全て暗記していたことを知り、ひどく驚いた。聞いてないなんて思って申し訳なかった。

あとから知ったことだが、この『くつくつあるけ』のシリーズには『おててがでたよ』『きゅっきゅっきゅっ』『おつきさまこんばんは』があり、どれも子どもがお気に入りの本である。ただ、この本たちは病院の待合室に置いてあり、何度も何度も読んだため、求める機会を失ったまま今に至っている。

ひらがなが読めるようになってからは、自分で声を出して読むことが少しずつ増えていった。たどたどしくも一冊読めたときは、うれしそうで誇らしげにしていたことが思い出される。

毎晩娘に絵本を読んでから寝るのが習慣になっていたある日のこと、さて読もうかという時、「今日は自分で読む」そう言われてどきっとした。ちょっと前まで「もう一回読んで」が繰り返されていたのに。またかと思いながら読ん

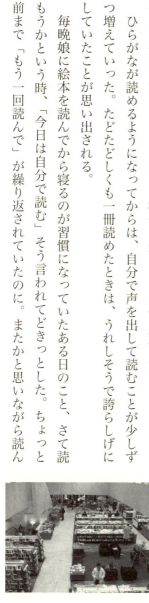

でしまうこともあった私。あのときちゃんと読んであげれば良かったと思ってももう遅い。娘が自分で読むと言った本は『ひもがいっぽん』（安江リエ 文 及川賢治 絵 こどものとも年中向き３３７号 ２０１４・４）。リズムが楽しい、声に出して読みたくなる本である。最初は普通に読んでいた娘だが、だんだんメロディーをつけて歌うように読み出し、しまいには「イエィイエィ」などもを入れながら読んでいた。本当に楽しそうだった。

私が黙読していることを不思議がり、「ママは心の中で読んでいるの？」と聞かれたことがあった。「すごいね」と褒められたが、いつの間にかそよも「心の中で」読めるようになっていた。そうなるとだいぶ一人読書の時間が増えたようだ。読書と言ってもおもちゃのカタログを見たり、漫画を読んだり、雑誌を見て髪型の研究に時間を費やすことも多くなり、親としては「もう少し本を読んでほしい」と思うこともあるが、自分一人で字を読めることで広がる世界を楽しんでいる様子であるし、自分も通った道、気持ちもよくわかると懐かしい気持ちにもなる。読めない漢字があっても、前後から予想しながら読んでいるようで、ちゃんと読めたら得意げな顔をしている。

寝る前の絵本時間はまだ継続中である。私が読んだり、役割分担して二人で読んだり、娘が読み私と七ヶ月の妹に聞かせるという感じでパターンが増えた。それでも私が読むことが多いのは、やっぱり絵本は読んでもらうほうがいいと思っているのだろうか。それとも寝る前の儀式になっているのだろうか。どちらにしても親子の絵本時間はもう少し続きそうである。

赤ちゃんが離乳食を始めるタイミングは、家族が食事をしていることに興味を持ち、よだれが増えてきたらというのが、一つの目安になっている。本もそんな感じかなと思う。狭くて収納も少ない我が家、子どもの本の隣に大人の本が並んでいる。当たり前に本があって、読書することに興味を持ってくれたらいい。後になって、何となくこの本見たことあるなとか、親が読んで楽しそうにしていたなと、うっすらでも覚えていてくれたらうれしいと思う。また、本好きになってこの本面白いよと勧めてくれることがあったら、なおうれしいなと思う。子どもの心の本棚に、成長とともに一冊ずつ本が増えていってくれたらいい。

「生きる力は絵本から！」はそのとおりだなと改めて思う。本はやっぱり面

白い。読書によって想像力や聞く力、伝える力、自分のこと、相手の気持ちがわかる……利点はたくさんあるけれど、まずはおもしろいのである。それに気づいてほしい。

私自身も子どもに負けないぐらい本を読んで楽しく生きていこう。もちろん人生は楽しいことばかりではないけれど、何とかなりそうな気がする。さあ、次は何を読もうかな。ますます本が好きになった。

わたしをつくった図書館 〜最後のファンレター〜

佐藤　裕子

トミー・アンゲラー作の『すてきな三にんぐみ』という絵本をご存じだろうか。人々に恐れられる泥棒三人組が、集めた財宝で城を買い、みなしごと暮らし、やがて城の周りに村が出来るというお話だ。

この絵本に描かれた一枚の絵、これが川崎村立図書館（現一関市立川崎図書館）開館当初の貸出カードのデザインだった。泥棒が少女を優しく抱えて隠れ家に連れ去る絵だ。小学校で児童全員に配布されたそのカードに、私は胸がドキドキした。

川崎図書館は１９９８年の開館に至るまで、十年近くの月日をかけて、熱意ある社会教育主事、そして類まれなる図書館センスを持った司書らによって創

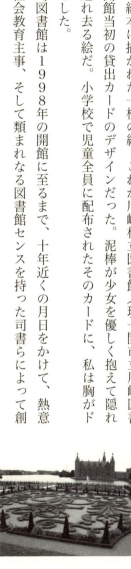

られた。「図書館て何だべ？」「おら知らね。それより金時饅頭食べっぺ（地元名物。薄皮で包まれた絶妙な甘さのこしあんが癖になる）」なんて会話が聞こえてきそうな小さな村で、一体どんな形でサービスを提供していくべきか。図書館を知らない人達を前に、川崎図書館が求められたのは、単純な本の貸出だけではなかった。利用者本位のサービス、その根底に力強く構える図書館の精神。その調和が実現されているのが、私が地元出身者として誇りに思う川崎図書館だ。

太陽の光と木のぬくもりに包まれたこの図書館にやってきた本達は、心地良さそうに本棚にもたれかかっているようだ。中学、高校と、私は川崎図書館に通い詰めた。本を借りるため、勉強するため、好きな人がいないかチェックするために……。川崎図書館はそんな下心を持つ私でも迎え入れてくれる。

川崎図書館開館にあたり、いわば総合プロデューサーのような大役をみごと果たされた司書、早川光彦さん。彼無くして川崎図書館は語れない。図書館の基本機能と、地域の人に多く利用されるための工夫のバランスが絶妙だ。そして遊び心。これはぜひ一度川崎図書館に足を運んで感じていただきたい。

開館から18年が経つが、川崎図書館は、水害や震災に見舞われながらも、その佇まいと、心地良い空間を維持している。館内に流れるBGM、自然と利用者と職員の間での挨拶が交わされる雰囲気もそのままで、指定席で囲碁をするご老人の姿も健在だ。合併した後も地元のリズムに合わせ、川崎らしさを大切にする図書館が私は好きだ。ワンフロアーで展開されるサービスの難しさと向き合いながら、「静かでない図書館」を利用者に理解してもらうために職員の方々によって積み重ねられてきた努力が、月日をかけ、地元住民と生きる図書館へと繋がった。

『すてきな三にんぐみ』が子ども達に人生そのものをもたらしたように、川崎図書館は私を育む偉大なお城となった。貸出カードのデザインにはそんな願いが込められていたのではないだろうか。ならばその思惑通り。これこそ川崎図書館大成功！と言えるだろう。

司書ですが……本読んでいません?

辰口　裕美

この本のおおきなテーマは本。

これはマズいぞ。人生の中で一番読書をしたのは子どものころ、最近では仕事で必要に迫られて読むくらいである。読んでいない!「趣味は読書」など口が裂けても言えない!

ではなぜこの職業についたのか。漠然と学生時代から思っていたのは、レファレンスが好きだったから。仕事を始めてわかったのは、調査結果を依頼者に伝えたときの、その笑顔を見ることが好きだから。そして、最近になって、自分がしたいこととは何なのかを、坂井輪図書館に勤務することになってだんだんわかってきた気がする。

坂井輪図書館のある新潟市西区は、平成の大合併の前からの旧新潟市域で、人口は16万人、市役所や新潟駅のある中央区に次ぐ第二の区である。新潟大学なども ある文教地区で、図書館の利用者数も中央図書館に次いで多い。それにも関わらず、西区は合併の恩恵もなく中央図書館の分館のような機能しかもっていなかった。しかし、平成25年に、建物の耐震補強工事にあわせ常勤の館長を置き、西区の中心図書館として機能を強化、平成26年度にリニューアルオープンすることとなった。

気がつけば、私がオープン事業に関わるのは、生涯学習センター図書館、東区プラザ図書室に続き三件目になっていた。一方、現場の職員は、初めてのことで大分戸惑っていたようだった。しかし、わからないなりに館内の収容冊数を計算し、レイアウトをし、区役所や業者との打ち合わせや交渉を行っていった。「初めてでわかりません」「できません」とも言われたが、「こんなリニューアルの仕事に関わることができるのは一生に一回しかないかもしれない幸せなこと」と頑張ってくれた。

図書館をＰＲする最大の機会は、新しくオープンすることだと思う。特に「あ

たらしいもの好き」の新潟人は、話題の施設ができるとそこに行列する。今回のリニューアルオープンは、坂井輪図書館の最大のPRの機会であると考えた。まず、オープニング事業は、地域の人を呼び込む作戦を立て、「書架整理ボランティアデビュー」を企画。オープン前の書架に本を入れて並べるという作業はめったにないことである。また、「ひとあしお先に！ ぴかぴか☆図書館ツアー」という親子を対象としたイベントを行なった。オープン前に地域の人たちをおよびして、今でしか経験できないことを地域の人たちにも味わってほしい、そんな気持ちからのイベントだった。

ちょうどこのころ、新潟市内の図書館・図書室の運営について検証を行う取り組みがあった。坂井輪図書館は、市内で二番目に利用されているという自負があったのだが、区の人口に対する登録率は全市の19％に対し、西区は14％と極めて低い数字であることがわかったのである。西区は前述のとおり、新潟市の中心市街地に近い。郊外型のショッピングセンターもあり、図書館で本を借りる必要はないのである。図書館の知名度は低いものであった。

図書館は本を借りるためだけの施設ではないことは、司書たちの間では常識だが、一般の人たちはあまりピンと来ないものである。なぜ図書館はあるのか。それは「民主主義の基本」だからである。多数決でこの国の方向を決める民主主義では、住民一人ひとりが自己責任において勉強して選挙に臨む必要がある。そのための場として、無料で図書館は利用できるものでなければならない（これは、20年前に私が図書館の存在意義について悩んでいるときに真理さんからアドバイスしていただいた）。

そこで、図書館の存在を知ってもらい、居心地の良い場所として利用してもらう必要があると考えた。そのためにできることは、まず地域の中に飛び込むこと。公民館や区役所のイベントには、関連本を持参して、積極的に図書館とのコラボレーションを持ちかけるようにした。学校からの職場体験学習などの依頼は、その日が休館日でなければ承諾、休館日でも区内の休館日が違う図書館を紹介し、「依頼があったら断らない」という姿勢を持ち続けている。地域からの飲み会のお誘いは基本参加。お酒の席では、お互いにリラックスした中でいろいろな協力できるアイディアが出てくるものである。

現在進行形で取り組んでいるのが、「団体貸出制度を活用した民間団体等と

の協働モデル事業」と「大人の部活動」である。前者は、一ヶ月間100冊まで、団体に対して貸出する制度で、以前から新潟市でも行ってきたし、全国的にも珍しいものではない。これを個人商店や銀行、そして書店にも話を持ちかけている。商店の一角に、図書館の本を設置してもらうものである。一ヶ月単位でテーマが変わっていき、その本を仲介として、商店主と地域の方たちのコミュニケーションのきっかけになってもらいたいと考えた。特に、お年寄りには古い新潟の写真集が人気であるし、子どもの集まるところには絵本などを、その時々のオーダーによって司書がセレクトして貸出するものである。商店主の口コミで、少しずつ広がっている事業である。

「大人の部活動」は、図書館という場を使って、人と人とを、そして情報を結びつけるシステムとして、中学生の部活動と大学のゼミを合わせたイメージで始めた。第一期はムーミン部。図書館職員と図書館協議会委員の中の有志で企画、一年間五回にわたって「ムーミンの大人的な魅力」を考察した。28年度の第二期は、少し変わった読書会を企画、パワーアップしていきたいと考えている。

何をするにしても、図書館を地域に認知してもらうために、いろいろな仕掛けをつくり、新聞やテレビにも取材してもらうという積極的な姿勢を取り続けていきたい。たとえ「館長はいつも図書館にいないね」と言われても。だから、本を読むべきなのだが、読む時間を作ることができない、つまり、この本のテーマに沿っていないことはご容赦いただきたい（ダメでしょうか……）。

司書と学芸員のはざまで

高橋稀環子

司書資格を得てから、七年が過ぎてしまった。

学芸員として勤める北上山地民俗資料館の建物一階に宮古市立図書館川井分室がある。もとは川井村立図書館だった。当時、市町村合併を控えており、同じ川井村教育委員会職員として事務室を共有していた村立図書館のその後の運営が気にかかっていた。図書館について勉強したいと思いついたのが資格取得のきっかけである。

それまでも仕事で図書館との関わりはあった。日常的には貸出や返却のカウンター業務、年度末の蔵書点検のお手伝い。個人的にも相互貸借のサービスや参考図書を大いに活用させてもらっていた。しかしそれは図書館の仕事のほんの一角である。上司に頼み込み、幸い認められた。そうして富士大学の集中講義に通うことができた。

資格を仕事に活かしたいという気持ちは今も変わらないのだが、現実は資格取得の前とあまり変わらない立場、関わり方でいる。しかし、短期間でも学んだ図書館のことは、自分の仕事に対する認識を変えるものがあった。

博物館と図書館は、同じ社会教育のための機関ながら、違いもある。

その一つに入館料があげられる。図書館法では「第十七条　公立図書館は、入館料その他図書館資料の利用に対するいかなる対価をも徴収してはならない」と無料を明言している。かたや博物館施設は入館料をいただいている館が多い。博物館法では「第二十三条　公立博物館は、入館料その他博物館資料の利用に対する対価を徴収してはならない。但し、博物館の維持運営のためにやむを得ない事情のある場合は、必要な対価を徴収することができる」とある。

それまで、博物館は入館料を払うものだと思い込んでいたのだが、司書講習を受けてから、意識して考えるようになった。館員として、来館者には運営にご協力いただいているという認識が生まれた。そして、どの来館者にも何か得る

ものがある展示や企画をしたいと考えるようになった。

それから、館の位置づけや種別についても取り巻く状況が異なっている。

まず位置づけについて、図書館と違って市町村立の博物館施設が全て博物館法に基づく博物館とは限らない。博物館法で定めるのは登録博物館と相当施設で、それ以外の館は法に基づかない類似施設として位置づけられる。実際のところ類似施設の方が多い。

また、類似施設も含めてその展示内容は様々である。人文系では歴史博物館や美術館があるし、自然系の博物館には動物園、水族館、植物園も含まれる。専門的な資料を扱う博物館もあるし、県立や市町村立では館の規模も展示の内容も対象とする地域も異なる。

そのような背景から、博物館施設では所蔵する資料の内容も点数も館によって特徴があるため、資料分類は独自に行っている場合が多いと思う。パソコンが普及し、資料目録のデジタル化は進んでいても、図書館のように共通の分類法で資料を分類し、データを公開するということはなかなか難しいのではないかと思う。

このことは、資料の扱いにも関係してくると思う。図書館では、全ての資料を全ての利用者に提供するという理念が徹底している。そのため、日本目録規則および日本十進分類法に基づき目録が整備され、データの情報化や、図書館間の連携が進んでいる。一方、博物館の機能として資料の収集保管、展示、調査研究、教育普及があげられる。その中で自分は、資料の保存管理が最も大切だと考えている。司書が図書資料に精通していなくてはならないように、学芸員も取り扱う資料が持つ情報を引き出し、伝えるのが仕事である。だが誰のための保存なのか。資料から引き出した情報を、誰に伝えなければならないのか。未来の人たちへ手渡すのだということを、司書講習をとおして実感した。

司書講習の期間で最も印象深かったのは、先の「全ての資料を全ての利用者へ提供する」という理念だ。そして、一番面白かった作業はレファレンス演習である。その手法は学芸員の仕事にも役立っている。考えの道筋と本を探し出した手順、それらを典拠資料とともに示す。明快に解決できたときは爽快である。でも、その結果が本当に利用者の役に立つものか。その確認が仕事として必要な視点だと思った。

今、公共施設はどこも利用実績が評価の指標となっている感がある。実績の良し悪しが予算や人員の配分にも影響する。自分が勤める館も入館者数で評価を下されることが多い。イベントを増やせば、少ないながらも来館者はそれなりに増える。人員不足のため、その内容がきちんとした資料調査に基づいているかといえば心もとない。そのような限界はあるものの、未来の人たちに手渡すためのきちんとした情報を整理して発信していきたい。地域の祖先たちが生きた証としての有形民俗資料とその生活文化を紹介する館の学芸員として、まずは地元の人たちに必要と思われ、大切にしてもらえるような館の運営を行っていきたい。司書講習を経て、携わる二つの館との関わりで考えたことである。

カウンターの内と外

石橋　典子

「大学図書館に勤めています」と言うと大抵「司書さん？ すごい」の後に、大半の人が「やっぱりいっぱい本読めるの？」と続ける。カウンターに座り本のバーコードをピッと読むだけののんびりとした仕事だという印象を持たれるのは、もはや慣れっこである。実際、カウンターの内側に入るまで、図書館の人との接点と言えば「貸出お願いします」「返却します」くらいだった。静かな場所という緊張感もあり、それ以外の会話をするのは特別な人のイメージがあった。

しかしその内側に座ってみて、カウンターで見えることは図書館の仕事のほんの一部だということを知る。そして自分がハードルを感じていた分、些細な

ことでも質問してもらえるのはうれしい。利用者とのちょっとした会話も大事に思いながら仕事をしている。話しかけづらいと思われないように、たとえややこしい文献調査の仕事を抱えていても、眉間に皺が寄らないように注意しながらのほほんとした顔で座っている。もとからそういう顔をしているような気もするが。

大学四年生の時、就職活動で柱としていたのが「本を通して人と関わる仕事がしたい」だった。他の職業に違わず、図書館も人と関わる仕事。ずっと私は本が好きだと思っていた。その先の人と関わることが面白いのだと気づかせてくれたのは、在学していた大学での図書館アルバイトだった。そこでの二年間、たくさんの人と言葉を交わした。自分の経験そのままに図書館は読書好きが来る場所という意識がどこかあった私は、こんなにも様々な人が利用し、様々な目的を持って図書館に来ていることを知り、自分の偏見に恥ずかしさを感じた。情報や知識を得る場ということがすっかり抜け落ちていたのだ。それとともに、ちょっとしたことでも「ありがとう」と言われたり、自分では対応しきれないことがあるたび、もっと利用者をサポートできるようになりたいと思うようになった。

黒髪、眼鏡、地味でいかにも図書館員らしい私は、どちらかというと人と関わるのは苦手意識があった。人前で話すと声が震えるのはもちろん、基本的に話しかけられるのを待っている消極的なタイプだった。今でも、声が通らないので飲食店で店員さんを呼び止めるのは苦手だし、研修などで名刺交換した後のちょっとした会話も苦手だし、電話をかける時はしどろもどろにならないように用件をメモしておかないと安心できない。それでも、なぜか図書館員という意識があると積極的になれる、できるようになりたいとチャレンジしたくなる。図書館は私にとって不思議な場所だ。

大学図書館の職員になって七年ほど経つ今、講習会や館内案内で20人以上の学生を前に偉そうに話をしている。緊張はするけれど、楽しさも感じる。また、館内で困っていそうな人がいたら声をかけるのはもちろん、ここ数年は掲示物など館内のものを話題にしている学生がいると、一言声をかけたりもするようになった。そこから思いがけず情報を得たり、業務の改善点を見つけられたり、こちらにフィードバックできること、勉強になることも多い。

人に対する姿勢が変わってきたのは、単に慣れの問題だけでなく、変わらず持ち続けているサポートしたいという思いが年々強くなっているからかもしれない。図書館は求める資料や情報を得るためのソースがたくさんある。図書館員もその一つ。使えば使うほど奥が深い。それをちょっとした会話をきっかけに提供していけたらと思う。以前、子どもの健診のときに小児科の先生が「今は何でもネットで検索できて、いつの情報かも確認せずに古い内容を鵜呑みにする親が多い、きちんとした論文と誰かのブログを並列に扱うのもダメ」と話していた。私図書館員なのでその辺は大丈夫ですと言いたくなったが、情報探索の重要性をきちんと学生に伝えなければという妙な使命感も感じた。

大学図書館を利用するのは、学生だけではない。先生、職員、学外の方も来館する。特に先生との関わりは、学生と同じように資料や施設を利用するだけではない。研究室の本も図書館を通して買うし、講習会の依頼を受けたり、図書館のイベントを一緒に企画したり協力いただいたりすることもある。必要とする文献も、単純な検索では情報が出てこないものや、海外のある図書館にしか所蔵していないものなど、研究者としての面を改めて感じることが多い。特に至急で依頼を受けて無事手渡せたときの達成感は次へのやる気につながる。

　カウンターを外側から見るだけでは知ることができない面白さが内側には詰まっている。毎日同じような仕事をしているように見えても、毎日が違う。本を通して人と関わる楽しさに浸りながら、私は日々のほほんとした顔をしてカウンターに座っている。

雑誌と大学図書館

斎藤由理香

「雑誌」と聞いてどのようなものを思い浮かべるだろうか？ 先ず思いつくのは、書店やコンビニエンスストアに並んでいる週刊誌や情報誌などではないかと思う。私たちの生活の中で身近な情報源として目にする機会が多いのは、このような大衆向けの商業雑誌が殆どであるが、雑誌と一口に言っても発行形態や内容によって様々なものがある。私は現在大学図書館で雑誌業務を担当しているが、仕事を通じて初めて知った雑誌が大半である。それほど雑誌の種類は多く内容も幅が広い。

「雑誌」ってどんなもの？

「本」と「雑誌」。その〝違い〟とは？ 図書館資料の側面から見た「雑誌」について少し話してみようと思う。

図書館では雑誌を「逐次刊行物（serials）」と呼んでいる。一般的に「図書」と呼ばれる本も逐次刊行物も印刷した紙を綴じ合わせ表紙をつけた形をしているのは同様であるが、逐次刊行物は「同じタイトルのもと終期を予定せず、巻次・年月次が継続して刊行される出版物」のことを指す。その中で刊行期日が決まっている定期刊行物と不定期刊行物に分けられる。体系的なまとまりのある図書と比べ、記事が部分的であっても掲載が可能なため情報内容をより早く伝えることが出来るのが特徴である。と、ここまで、「何だか小難しくて具体的に思い浮かばないな」と感じたかもしれないが、そんなことはない。新聞の紙面上部に号数が付与されているのをご存知だろうか？ この数字は創刊号から連番になっており、先に述べた逐次刊行物の条件である「巻次」にあたる。このことからもわかるように毎日刊行される新聞もこの定期刊行物の一つなのである。

このように、定期刊行物には刊行頻度によって、日刊、週刊、旬刊（十日に一回）、半月刊（月二回）、月刊、隔月刊（二ヶ月に一回）、季刊（三ヶ月に一回）、半年刊、年刊、隔年刊（二年に一回）などの種類がある。対して刊行期日が決まっておらず出版元が必要に応じて発行する不定期刊行物もあり、日々数多くの雑誌が刊行されているのである。

「逐次刊行物」の種類

逐次刊行物はその内容や発行元においても類別される。一般的に〝magazine〟は雑誌を意味する単語であるが、これは先に挙げた書店などで販売される商業雑誌を含む雑誌一般をいう。現在、国内で発行している商業雑誌の点数は約３７００誌。その内容は娯楽的なものから専門誌まで多岐に渡る。一方、学術論文が主な内容となるものを学術雑誌〝journal〟と呼び、その内容の違いにより商業雑誌とは区別している。学術雑誌には専門学会誌や協会誌、大学・研究機関などで発行する研究論文を掲載する紀要などが含まれ、一般には販売されないものが殆どである。そのため馴染みが薄いが、その歴史は17世紀後半のイギリスにまで遡る。

国立国会図書館の『雑誌記事索引』によると、現在採録中の学術雑誌（論壇誌等の一般誌も含む）は1万885誌にも及ぶ。その他にも中央官庁や地方自治体が刊行する官公庁誌や業界誌、同人誌、ニュースレター・会報、加除式資料（製本されずページの取り外しが可能な資料。法令集など）、電子化された学術雑誌である電子ジャーナルなども雑誌として取り扱われる。このように様々な種類があるため管理や運用の面を考慮し各図書館で独自の区分や分類を行うこともある。

大学図書館における雑誌の役割

大学は学術研究を行う機関であり、図書館もその活動の重要な役割を担っている。主に教員の調査研究と学生の学習を支援するために必要な資料を収集し保存、提供することを目的としている。そのため扱う雑誌の多くは国内外の専門誌や学術雑誌、電子ジャーナルが中心であり、それらは研究のための有用な資料となっている。

例えば研究を進める場合であるが、自身の研究において事実を述べるための判断や推測、正当性を証明する根拠を明確にしなければならない。そのため事実や根拠には自らが行った実験や調査によって得られた結果と合わせ、先行して行われた同様の研究データの見解が必要である。その際に参考文献として最も信頼できる資料が同じような研究に関する過去の内容や最新の動向についての論文が掲載された学術雑誌なのである。

なぜなら、通常学術雑誌においては投稿された論文に対し同じ専門分野の研究者による「査読」と呼ばれる審査が行われ、それを通った論文のみが掲載され研究成果として公式に認められるからである。しかし、この制度でも完璧ではなく、世界的権威のある科学雑誌〝Nature〟に掲載された論文（ＳＴＡＰ細胞で世界の耳目を集めた事件）がその後取り下げられたことは記憶に新しいだろう。ともあれ、雑誌は情報内容の速報性が特徴ではあるが、学術雑誌においては過去の情報も重要な情報源であり研究を進めるうえでは必要不可欠な資料である。

大学図書館では学術雑誌を含む逐次刊行物を継続して収集し保存することが

基本である。外国雑誌や電子ジャーナルにおいては毎年の価格高騰など頭を悩ます問題も多くあるが、雑誌が研究活動の一端を担っていることを念頭に、日々の業務においても刊行情報に注意を払い、欠号することなく利用者へ的確に提供することに努めている。

〈参考文献〉

・出版年鑑編集部編『出版年鑑 2015年版 I資料・名簿』（出版ニュース社）,2015

・国立国会図書館「雑誌記事索引採録誌一覧」〈http://www.ndl.go.jp/jp/data/sakuin/sakuin_index.html〉（参照 2016.3.23）

ようこそ図書館へ ～立派な大木を目指して～

八巻　千穂

大学図書館というとジメジメして、暗くて重たくて、その上敷居が高い。うるさくすると恐そうなこれまたジメジメした司書が飛んできて注意される、とこんな感じ。今も昔もこの印象に大差はないだろう。だが、昨今の大学図書館はアクティブなのだ。タイトルのキャッチフレーズは、新入生向けに四月に図書館入口に飾る旗の文言。ピンク地に白文字の「ようこそ、図書館へ」は、図書館は心躍る場所でもありますよ！という私たちの決意表明でもあるのだ。

さて、樹木の幹にあたる部分が通常業務であるカウンター対応や、図書・雑誌の発注整理などにあたるならば、その幹をさらに太く大きく育てるのが特定の課題に数名のチームで取り組むワーキンググループ（以下ＷＧ）の仕事になる。図書館の根幹を担う選定委員会以下、学習支援WG、電子情報WG、広報WGなどがあり、図書館のもう一つの生命線である。この業務の全てが太い幹への足掛かりとなるが、特に広報WGでの活動を紹介したい。

広報WGは、主に展示企画やイベントなどを担当する。心躍る図書館への大切な使命を担っているが、メンバーが四名となかなかハードなのだ。ただ、メンバーの思いは「図書館って、面白い！」と利用者に思ってもらうこと。例えば展示は年間十本以上開催するが、テーマ設定が最大のポイントで、これが面白くないとすべて台無しになる。私のお気に入りは夏の企画で、「真夏の夜に「哲学する」「大学生の扉」「旅に出よう」のテーマを設け、第二次世界大戦時の記録やDVDの展示、哲学に関する書籍や旅に出たくなるような地図や写真集の展示をする。夏休み期間を、考える時間や読書の時間、自分探しの旅も然り、それらにあてでもらおうと考案した企画だ。時には、事前に資料を読み内容の理解を深めるなど納得のいく展示を創るために常に知恵を絞る。小道具などももちろん作るがこちらは朝飯前である。

選書ツアー（学生が実際書店に出向いて図書館に所蔵してほしい本を選ぶと

いう企画）やビブリオバトル、図書館キャラクターの創出などイベント型の活動も行う。ちなみに選書ツアーだが、「選書」という表現は学生にとってはなじみのないもので、さらに古くさい感じがしてイベント自体が想像しづらい上に、面白味を感じさせない。そこで「本屋へ行こう！」の名称で行っている。このツアーは、大学図書館界では比較的メジャーなイベントである。学生は、「本の大人買いが出来てうれしい！」とか、「図書館の仕事に参加できて面白かった」などの声を寄せてくれて、図書館の最大の理解者となる可能性を秘めた利用者となる。そして、イベントを通して直接学生の声を図書館運営に反映出来る重要な業務の一つでもある。

図書館キャラクター、〝ぷくてん〟は、学生にアイディアを募り、学生・教職員の投票により決定した。こうして生まれた可愛いてんとうむしの妖精〝ぷくてん〟は、大学祭のメインステージでの発表となり、図書館のみならず大学を巻き込んでのイベントとして成功した。ここで重要なのは、学生の参加と他部局との協力で、これらと図書館とのトライアングルな関係が完成すると今後の図書館運営にもプラスに作用する。また、ぷくてんは、しおりやシールなどのグッズの他、館員の名刺にも利用され広報活動に大いに役立っている。

ビブリオバトルは〝知的〟書評合戦でそのライブ感が最大の魅力である。ルールも簡単で本を媒介にしたイベントとしては図書館にはうってつけのものだ。開催は司書課程の教員とそのゼミ生と合同で行い、バトラー（発表者）のハイレベルな戦いが会場を熱くし、参加者の的を射た質問も相まって会場が一体となるすばらしい90分となった。会場も外から中の様子がうかがえる開放的な空間を使用し、装飾などもポップなものにしてイベントを盛り上げる仕掛けをたくさん盛り込んだ。参加学生から「図書館との距離が縮まった！」とうれしいコメントも貰い、「文化的活動の発信を図書館から」という試みが功を奏した出来事の一つとなった。

広報活動の全般に言えることだが、実施する側に明解な視点がないと展示やイベントが新鮮味を失い輪郭がぼやける。また全体のバランスもとれない。日ごろのシェルフリーデングや、日常的な読書、学生とのコミュニケーション、社会の動きに敏感になるなど日頃からの心がけと努力が重要となる。

イベントは樹木の葉に当たるだろうか。太い幹があり、青々とした葉が茂ってこそ樹木と呼べるだろう。図書館も同様で、全てが上手く循環して初めて図書館として機能する。インドの図書館学者であるランガナタンは彼の図書館五原則の最後に次のように述べている。「図書館は成長する有機体である」と。私の大好きな言葉だ。この言葉のように私たち図書館員は樹木の成長のために日々努めるのみである。

魔法の呪文と宝の地図

稲妻　晶子

「ないものはないでしょっ！」お母さんが聞き分けのない子によく言うセリフ。ところがこのお母さん、図書館ではないものを取り寄せることができるのである。ないものだって取り寄せる、魔法の呪文はＩ・Ｌ・Ｌ。

ＩＬＬ（Inter Library Loan）とは、図書館間相互利用のことである。利用したい資料が最寄りの図書館にない場合、図書館を介し所蔵館から取り寄せることができるというサービス。図書そのものの取り寄せは「現物貸借」、雑誌論文などのコピーは「文献複写」という。ランガナタンの五原則にもあるように資料と人を結ぶべく、図書館同士はそのネットワークによって互いを補い合っている。学生向けに資料収集のガイダンスを行うときはいつも、「ないも

のだって取り寄せられます！」としつこく言っている。こんな素晴らしいサービスをぜひ使ってほしいから。

ＮＩＩ（国立情報学研究所）は大学図書館、研究機関向けの多様なサービスを提供している。このＮＩＩの総合目録データベースは、全国の大学図書館が共同分担で書誌データを登録し築きあげているオンライン総合目録で、どこの図書館にどんな学術文献（図書、雑誌）があるのかがこれで一目瞭然というものである。言わば宝の地図。これを元にＮＡＣＳＩＳ—ＩＬＬシステムが１９９２年より運用開始され、大学図書館間の迅速な文献提供が実現した。

ＮＡＣＳＩＳ—ＩＬＬ統計情報によると、１９９４年に約47万件であった文献複写依頼件数は２００５年には約１１０万件とピークを迎える。その後は、電子ジャーナルが大学の規模を問わず普及し始め、機関リポジトリを含むオープンアクセスという新たな学術情報流通環境が広がり、オンラインで入手可能な文献が増えてきたため、依頼件数は減少している。ちなみに２０１４年は63万件弱。しかし、オンラインに載らない文献はまだまだあるし、図書は著作権法の関係上全てコピーというわけにはいかないので、ＩＬＬの需要はなくならないであろう。

ＩＬＬを担当したのは２０００―２００７年。ＩＬＬの最盛期。勤務する図書館にも依頼は多く、毎日届く他機関からの文献複写依頼に応えるために、書庫から資料を探し出し、コピーをし、枚数を数えて料金を計算。封筒に入れて切手を貼る。北は北海道、南は沖縄まで、宛先を貼りながら、日本中の利用者のために役立っているという充実感を味わった。グローバルＩＬＬに加盟してからは、北米や韓国からの依頼もあり、知っている英単語と文法を総動員してメールやＦＡＸでやり取りし、為替の計算、国際小包の方法を調べ、やっとのことで図書を送った。送った図書が役割を果たして無事戻ってきたときには、「ご苦労さま。よく帰ってきたね」という気持ちで受け取った。そして、我が図書館も世界図書館ネットワークの一員であることに誇りを感じた瞬間でもあった。

カウンターで資料の返却を受ける際に、利用者から御礼の一言をいただくことがある。ＩＬＬで返却される資料にも「ありがとうございました」のメモが入っていたりする。それはほんの一言であっても、たいへん嬉しいものである。

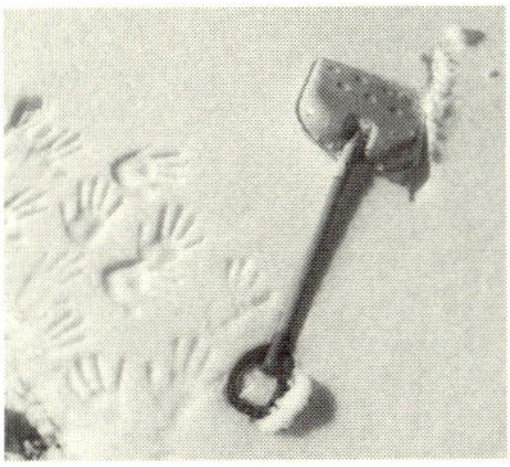

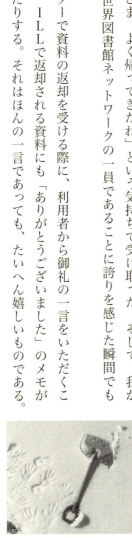

中には担当者の好みか、可愛らしい柴犬の写真付きメッセージなどもあったりして心が和む。このようなとき、ＩＬＬは図書館対図書館のやり取りではあるが、実は人と人のつながりであることに気づかされる。

この仕事をしていると、自分には全く縁のない分野の資料も手に取る機会がある。中には興味が湧いて、依頼された論文をコピーしながら全て読んでしまったり。逆に、見たくないような写真や記事も依頼ページに含まれると見ざるを得なく、これは軽いトラウマになる。『犯罪学雑誌』の現場写真や医学系雑誌の解剖写真などはその類いである。しかし世に中にはいろんな事を研究している人がいるものである。そのおかげで、世界は回っているのかもしれない。人類の探究心、そして知の広さと奥深さを感じずにはいられない、それがＩＬＬの業務であった。

私は現在、目録業務に携わっている。書誌データを作成し、自館及びＮＩＩの総合目録に登録する仕事である。それは、ＩＬＬを裏で支える立場でもある。総合目録という宝の地図が利用され、今日もＩＬＬで世界中の資料が求める人の元へ次々に旅立つ。そんなことを思いながら、今日も新しい資料の在り処を宝の地図に書き記す。未来の、知の冒険者のために。

〈参考文献〉

・小山憲司「ILL文献複写の需給状況の変化と学術情報の電子化」『図書館雑誌』102（2），2008, p.97-99
・国立情報学研究所「NACSIS-ILL 統計情報」
国立情報学研究所目録所在情報サービス
〈https://www.nii.ac.jp/CAT-ILL/archive/stats/ill/〉（参照 2016.2.23）

パートⅡ◆ゼミ編——ゼミの思い出

ゼミの日々

忘れられない誕生日がある。ゼミの一回生が四年生の時のことである。当日は授業が重なり、二回生も花束を持って授業の教室までわざわざ祝いに来てくれたと記憶する。そして四年生のゼミは午後からだった。入室すると、皆がどこかそわそわし、ただならぬ気配であった。「お誕生日おめでとうございます」と手渡されたもの、それはゼミ生五人の手作り絵本『図書館の魔女』だった。その精魂込めた物への私の反応や如何にと、彼女たちもハラハラドキドキしていたのである。

布表紙のシックな装丁に、タイトルは刺繍が施してある。

「えーっ！これ作ったの」、声も出ないほどの驚きだった。聞くところによると四月から計画して、私の誕生日まで三ヶ月余、もちろんストーリーを考え文章化する、絵を書き、製本し、すべての行程を三ヶ月で完了した。四年生の就活の忙しい時期、いやそっちのけで、その作業に取り掛かってくれたのだ。そういえば、彼女たちが三年生の時も絵本を作成してくれた。それは個々の絵と文章を一冊にまとめたもので、考えればこの予行演習のようなものだったのか。

さて『図書館の魔女』内容はこうである。五人の魔女っ子たち（それぞれゼミ生がモデル）が森に迷い込み、ふくろうの宿にお世話になる。そこで出会った一冊の本、右側から読むと楽しく、左側から読むと悲しい本、その本に導かれるように、今までみたこともないような本を揃えた大きな図書館にたどり着く。そこにいたのが図書館の魔女（モデルは私）という展開なのである。

言葉もよく吟味されていた。授業でインターネットにだけ頼ってはいけない、紙媒体で調べなさいというようなディテールにまで言及した内容だ。そしてクレヨンの優しい色合い、ゼミ生それぞれの特徴をよくとらえた楽しい絵、図書館の内部、さまざまな椅子と風に揺れるカーテンの絵は、最もお気に入りの一つである。本によって世界は広がるということを秘めたテーマとして、そして食卓を囲んだゼミの思い出も、そのまままつまっていた。

半泣き状態でその絵本をめくった、忘れられない誕生日。前年父を亡くした私への最大で最高の贈り物だった。その後しばらくは、顔見知りにこの本を見

せては自慢していたものである。司書だけでは決して得られなかった、教えることによって得た人との出会いであり、そこから生まれた世界に一つの本であった。もちろん奥付もあり、最後の扉のポケットには、それぞれが書いた私へのラブレターがある。今でも時折読み返しては温かな気持ちになる。

その誕生日プレゼントの伝統はその後も続き、翌年は『ゲド戦記』ならぬ「ゼミ戦記」が届けられた。ゲド戦記を模した絵がカバーを覆う六箱（全五冊に『ゲド戦記外伝』を加えて六冊）には、一月ごとの手作りカレンダーが二冊ずつ入っていた。箱のタイトルがふるっている。ゼミの思い出を「バイトからの帰還」（バイトをし過ぎた人）「アンニュイとの対話」（小学生の自分をアンニュイと表現した人）「こわれた醤油瓶」（わが家で醤油瓶を倒したことがトラウマになった人）など、言葉遊びが生きていた。

そのゼミ生も五人だったが、曜日ごとに担当を決め、Ｂ６型のスケッチブックに、その日が何の日か来歴を記したり、子ども時代の自分のことを書いたり、自作の小説まである。絵も抜群に巧いのだ。膨大な時間を要したであろうその労作、改めて見ると、なんとかけがえのない時間を贅沢に使ってくれたのかと、申し訳ない思いがするほどだ。

三回生のプレゼントは、本棚をあしらったパッチワークである。色とりどりのフェルトで本を置き、背表紙に書名を刺繍してある。もちろん『ゲド戦記』も、そしてゼミ生がブックレビューで読んだものもある。最後の段、これには苦労したとの制作逸話があった。下段の書名の頭文字を拾うと「せんせいじつはまじょでしょう」となる仕組み、おまけはボタンで頁が閉じられた広辞苑七版（現在六版）、開くとフェルトの魔女猫があらわれる。それは研究室を飾り、今は自宅の玄関を飾っている。

タイトルの中に「いま授業中です」とあるが、これは実際の本のタイトルではない。ゼミ中にどういうわけか、必ずと言っていいほど入室してくる人がいる。それで合言葉は「いま授業中です」だったのだ。三回生は手先が器用？だったらしく、卒業時には二年次からのゼミレポート、論文を製本して一冊の本にしてプレゼントされた。それには個々のブックレビューの記録まである。

因みに一回生も卒業時にアルバム、ＤＶＤを制作、また「卒業文集」として、四年次のゼミ論、卒論が納められている。それにはゼミ年表までついている。

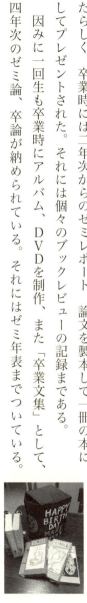

私よりも記録魔？　なのか。ゼミ記録に関してはすべて私を凌駕《りょうが》している。

非常勤から常勤の教員になってゼミを持つことが義務づけられた。さて何をしたらいいのかと考えた。そうだ、ひたすら本を読むことにしよう。心から本が好きなら、続くであろう。少人数でもかまわない。むしろその方がいいと思った。ゼミの説明会の時いつも言っていたこと、このゼミは就職にも実生活にも何の役にもたちません。ただ本を読むだけです。本が好きで、読み続けられる人だけが入ってくださいと。

毎週ただ愚直に本を読む、そしてそれを発表する。最初好きな詩、そして絵本、児童文学を導入部に使った。「大人になって児童文学？」と一瞬腑に落ちない面もちの学生もいた。しかし、逆に虜になって行った。発表に時間制限はせずにいた。ただ時間内に皆が発表できるような配慮はしたが、それ以外は学生にまかせた。驚くほどに皆がしゃべること、それがある意味私の想定外だった。平常は無口でも、本のことは別だった。お互いがどんな本を読むのか、それもポイントになったようだ。相互作用でどんどん読書範囲は広まった。私とて同じである。凝り固まっていた分野が溶解するようだった。

ある時、テープレコーダー持参で現れたゼミ生、「音楽をかけてもいいですか？」、萩尾望都の『トーマの心臓』の芝居について、ＢＧＭ入りでのレビューだった。皆が湧いた。漫画も私の不得意分野、それでもその漫画を読み、出張のついで、スタジオライフ公演の芝居も見に行った。経験域も広げてくれたのである。

ゼミの評価課題はブックレビューを文章にすること。二年次は絵本、三年次は『ゲド戦記』そして、四年次は各自にゼミ論を課した。絵本の段階から、そのまま本の宣伝コピーになるようなものさえあった。早紀さんの『はらぺこあおむし』評：「グルメなあおむしに乾杯！」に驚いた。そして『ゲド戦記』には読み手が変わると、毎年のように新たな発見があった。この本には汲めども尽きぬものがあると、再認識したものである。

そして、彼らのレポートを見ていると、最初の頃覚束なかった文章が、ある時からギアを入れ替えたように、変化する。予想だにしなかった変化、不思議としか言いようがない。それはブックレビューの質も同じだった。その魔法のような柵越えの瞬間、それが教師冥利とでも言うのだろうか。

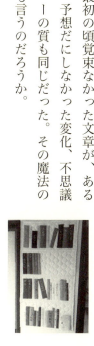

先生に出会ってしまった私 ～教室で魔法にかけられて～

佐藤　裕子

将来は川崎図書館で働きたい。

地元に素晴らしい図書館があった私は、漠然とそう思っていた。でも実のところ、読書も大学図書館も苦手だった。入館ゲートに学生証を通す時の不安と緊張たるや、尋常ではなかった。大学図書館と仲良くなりたかった。そんな下心でゼミ説明会の日、大島先生が待つ教室に足が向いていた。参加学生は他に二人。有美さんと早紀さんだった。先生に間近にお目にかかって、大学図書館が大島先生とすり替わった。先生と仲良くなりたい。またしても下心。そのぐらい先生は魅力的な人だ。いわば一目惚れ状態だった。

この大島ゼミが私の人生にもたらしたもの、それは心のカフェ。行き詰ったらここに戻る。ゼミで学んだこと、暁子さんと悠乃さんも加わった四人の個性溢れるゼミ仲間、そして先生を思い出す。小さな出来事に不安を抱え、眠るのが怖くなったり、頭が爆発しそうになったりする時、私はこの心の中にあるカフェに一人向かうのだ。大島先生はまさに「書を司る」偉大なる魔女だ。なぜこんなに先生に惹かれるのか。言葉に表すのは難しいが、先生の存在は卒業してますます心の拠り所である。厳しさ、あたたかさ、まさか！と耳を疑う失敗談もすべて先生の魅力だ。

三年次に挑戦した『ゲド戦記』の論文作成当時、大学祭に闘志を燃やしていた私は不眠不休で一ヶ月あまりを過ごしていた。大学祭の一環で行われていた早朝のバレーボール大会に顔を出しながら『ゲド戦記』を読む私に、後輩はいたく感心してくれたが、その時私は完全に眠っていた。ページと頭が、ほとんどくっついている様子が、後輩には読書に集中しているように見えたのだろう。ゲド戦記の思い出がそれだけか！と思われても仕方ないが、一番の印象はそれなのである。しかしだ。そんな私でも論文が書けた。その後二つの論文作成にも挑戦出来たのは、このゼミで養った「書く力」のおかげである。日頃のブッ

クレビューで培われてきたものが発揮された瞬間だった。

そして本との出会い。児童書の面白さ、秘められた奥深さ、力強さ。洋書はいまだに遠い存在だが、当時カニグズバーグのそれ（『クローディアの秘密』の原書）を手に取るだけで気持ちが高まった。先生が食事を採るのと同じように与えて下さった本を読む時間というものが、私のか細い人生の道を太くした。本は水分と同じように人に必要なエネルギーだということをこのゼミで知った。そして書くと言うことも。先生の家にお邪魔した時、先生が着ていたTシャツに「りてらしい」と書かれていたことも忘れるまい。黒板に書いた□の中にトで図書館と読む粋な略字も。先生からの短い言葉で心に響くメッセージも。ゼミでの最大のお楽しみ、先生と食事を囲み、おしゃべりに費やし沢山笑った時間を忘れない。これからも読むこと、そして書くことをかかさない。それが私の人生を豊かにする秘訣だと思っている。そして私達の渾身の一冊、先生に宛てた絵本『図書館の魔女』は私の永遠のベストセラーだ。

始まりは、大学三年の春

西野目悠乃

大学三年の春、大きな緊張を抱え高鳴る胸を抑えた私は、空気を思いっきり吸い込み、大島ゼミのその教室のドアを開けた。

ゼミは、大学二年から取るもので、私は二年時には他のゼミに所属していた。そこを一年で辞めたのは、何かが違うと感じていたから。何より大島ゼミの存在を知ったからだ。本が好きで、図書館が好きで、そんな私に、大島ゼミが魅力的に映るのは言うまでもないだろう。ゼミ変更という、思い切ったこの選択は、ごく自然な事だった。

ゼミの一員になれたあの日から、何年の月日が経っただろうか。大学卒業後の今でも、皆と食卓を囲む機会があり、歳を重ねても続いているこの関係に心

から感謝している。その時間は、私にとってとても大切な時間となっている。

このゼミでは、本を読み、そのブックレビューを発表する。ゼミを通して、今まで手にした事がなかった本との出会いはもちろん、先生の本にまつわる話や、ゼミ生皆のブックレビューを聞いて、その考え方に感心したり共感したりと多くの発見があった。

ブックレビューとは、その人の頭の中が垣間見られるものだろう。それを人前で発表するというのは、私にとって苦手な分野でもあった。小さな頃から、読書感想文も苦手だったのだ。本を読んで、その本の核心や著者の想いを読み取り、また、自分の気持ちや考えを言葉に文章にしていく。そんな作業は少し難しく感じていた。

そもそも何か意見を述べるという事自体が、不得意だったのだ。そんな自分を変えたかったのだが、このゼミのおかげで少し鍛えられたように思う。レビュー後は、今日はどうだっただろうか、限られた時間の中で、何か一断面でも伝える事が出来たろうか、レビュー本が皆の心に残ったろうかと、いつも不安に思ったり反省したりもした。しかし、皆の言葉に感化される方が大きく、私のゼミ生活はとても充実していた。毎回、ゼミで発表する本をどの本にしようか悩んだが、その時間も楽しかった。図書館で沢山の本を前にして、読む本を選ぶ気持ちと少し似ている。

ある時『まだ名前のない小さな本』（ホセ・アントニオ・ミリャン 著 晶文社刊）という本を紹介した。この物語は、まだ中身が書かれていない「ちっちゃなお話」と呼ばれている本が主人公で、本棚から本棚へと冒険する成長物語になっている。その際に、こういう本を見つける目が素晴らしいと、先生からほめられたことがあった。それは、私に大きな自信をくれた。本を手にする事、何気ないその行動は、実はとても大きな事だと私は思う。本は一つの世界である。何千冊と並ぶ本から、その一冊を手にするのはどれほどの確率になるのだろうか。それを考えたら、その選ぶ目を評価されたことが、すごくすごく誇らしかった。魔女先生がくれた言葉は、私の中で今もずっとキラキラしている。それほどの感激だった。

ゼミの思い出をいくつか挙げていこうと思う。一番印象深いのは『ゲド戦記』をゼミの皆で読んだ事だ。今までとは違い、今度は同じ物を皆で読む。まず、面白いなと思った。そして同時に、少しこわいなとも思った。私は、みんなと同じようにその本を上手に読み込めるのだろうかと。全五巻あるうちの最後の五巻目『アースシーの風』が私の担当だった。一冊一冊丁寧に読んでいく、それすらも新鮮だった。不安もあったが、実際は、同じ本を読む事で、その視点や、捉え方、考え方が自分だけでは見えなかった物、新たな物が見えてくるのが興味深かった。皆の「読む力」は素晴らしい。以前は、本は面白ければそれで良いと単純に思っていたが、このゼミを通して「読む」とは、もっと奥が深いものなのだと気づかせてくれた。

それから、大島先生の誕生日に贈るプレゼントを皆で手作りした事も大きく心に残っている。絵本を一から作成したのである。最初にそれぞれ担当を決めたのだが、物語を書く事に昔から憧れがあって、その担当をさせてくれた皆には感謝している。大まかな内容を書き出し、皆で推敲しながら一つの物語を紡いでいく。単純に手から何かを産む事がとても楽しかった。出来上がった達成感の気持ち良さ。そして、何よりもそのほかほかの本を手にし、喜んでくれた大島先生の顔を見る事が出来た瞬間は、嬉しいことこの上なかった。また作成中、皆の家にお邪魔させて貰ったが、そこでも食卓を囲んだ事が本当に懐かしい。

そして、忘れられない一品。大島先生特製カレーは、このゼミには欠かせない。おかわりは私のおはこだった。思い返してみると、ゼミの時間と同じくらいに、皆で食卓を囲んだ時間がたくさんあった。楽しいお喋りと美味しいご飯、最高の贅沢だと思う。そこは、なんだか居心地の良い場所で、今でもふとした時に帰りたくなる場所である。

ちょっとドジな魔女先生と愉快な仲間たちがくれたもの、皆と共に過ごした時間が、大切な宝物だ。

一冊の本との出会いに……

高野　暁子

一冊の本との出会いに、運命を感じる瞬間がある。何年か経って考えてみても、やっぱりあのとき出会えてよかったと思うものがある。私がブックレビューに選んだ著者の柚木麻子もそうである。ひょんなことから、手にした一冊だった。

せっかくの晴れた休日でも、どこにも行きたくない、何もしたくない、食べたくない、そんな無気力な状態が続いていた。いつまでもこのままじゃいけない。こんなときこそ、読書だ。食欲の湧いてくる本が読みたいと思いついた本は『食堂かたつむり』だった。名前や映画の宣伝から、ずっと気になっていた。早速、書店に足を運んだ。絶対読む！って決めたときに限って、今まで何度も見かけていたのにない。おかしいな、無いってことないよね!? 探しまわって体力消耗して、二店目で諦めた。このとき、書店員には確認せず、別の本を求めようと思った。

すると、美味しそうなお弁当の写真が表紙になっている『ランチのアッコちゃん』を見つけた。自分と同じ呼び名。以前から目にはしていたけど、読んでいなかった。いつか読もうと思っているうちに、忘れてしまっていた。よし、読んでみよう！

どんどん、読みすすんでいく。そしてなんと、このなかで、当初探し求めた『食堂かたつむり』に遭遇した。不思議……。縁があるのかないのか、こんな出会いははじめてだった。

こうして、柚木麻子の他の本も読んでみたいと思った。『3時のアッコちゃん』『あまからカルテット』『ねじまき片思い』『本屋さんのダイアナ』『伊藤くんA to E』『ナイルパーチの女子会』を続けて読んだ。一番悩んでいた時期に出会えてよかった本たちである。

これは、人との出会いと似ていると思う。どうしてこの町に住んでいるのだろう、別にこの場所にこだわらなくてもいいのに、仕事だって、嫌なら違う道

を選択する方法だってある。と、壁にぶつかって、今の状況から逃げたくなった時に考えたことである。

だけどそんなときふと浮かぶのは、この場所を選んだからこそ、出会えた人たちの顔であった。ここに来なかったら、この人たちには会えなかったんだろうな……たとえわずかな人でも、もしその人のいない人生だったら!? と考えるのは、とても難しい。

大島先生のゼミとの出会いもその一つである。たくさんの新しい出会いや気づきがあった。ゼミでのブックレビューは、今まで気づかなかったことを知ることで、視野がぐんと広がった。本の種類や著者のことはもちろん、そのなかに描かれている世界観やメッセージに、隠されているものは何だろうと想像するようになった。それは、自然と、今の社会で起きていることの背景や歴史についても目を向けることになった。

先生がよく話していた、「無知ほどこわいものはない」目を背けたくなるような辛い現実もあるけれど、その問題に立ち向かうためのヒントを見つけ出せば、きっと乗り越えられる気がしている。その言葉は今もよく自分に言い聞かせ、いろいろなことに関心を持つよう心掛けている。本と向き合うことは、社会と向き合うことにもなっている。

当時、自分のブックレビューには自信がなく、本の中身をうまく伝えられないと悩んでばかりだった。一方他のゼミ生のブックレビューを聞くことは、楽しみな時間だった。そして、毎回とても新鮮だった。自分では絶対選ばないようなものはもちろん、読んだことのある本も、自分にはなかった感想や意見があり、本に対する魅力が増して行った。

特に、児童文学や絵本には衝撃を受けた。ゼミに入っていなかったら、読んでいなかったかもしれない。恥ずかしい限りだけれど、単純に「児童が読む本」なんて考えていた。

記憶に残る言葉がある。児童文学の紹介の中でだったと思うが、好きと嫌いを例えに、「対立するものは、全然違うようで似ている」ということ。こういう不思議と心に残る言葉が、日常生活に応用できたりする。対立した時に、ちょっとした共通点を見つけ出すことで、解決への道に近づける場合があるのだから。人間関係でも、苦手意識を抱いていた相手と、共通の話題で距離が近づくように。何事も、中身を知らずに、思い込みで決めつけてはいけないのだ。

本の話をしていると、全く読まないという人にも会う。50代の男性なのであるが、なんでも細かい文字を見ていると眠くなってしまうとのこと。そんな人が唯一、夢中になって読んだ本の話である。実際どこまで本当か分からないけれど、なんでも若い頃、一人で船に乗って旅に出た時のこと、目的地に着くまでの時間を潰すために本を読んだという。「あれは、面白かったなぁ」と語っていた。具体的な感想は覚えていないが、本のタイトルは『ビッグボードα』(赤川次郎 著)。読まない人を夢中にさせた、その内容はどんな話なのか、いつも以上に気になった。また一つ、いつか読んでみたい本に出会った。そんな連鎖的な本の出会いも楽しい。

振り返ってみると、これまで出会ったすべてのことについて、意味のあるものだったのだと思えてくる。その一つひとつが、時に支えになり、後押ししてくれる。大島真理先生、ゼミのみなさんはもちろん、家族や友人も本も全部含めて、感謝の気持ちが込み上げてくる。

本とともにある生活

宇貝　有美

一週間に一冊、本を読む。そしてその本のブックレビューをする。そういった明確な目的を持ち、読書を続けたことはそれまでの人生で一度もなかったように思う。

私は物心がついた頃から本が好きだったが、自分が好きな著者やジャンルを読むだけという、偏った読み方をしていた。面白かったな、つまらなかったなと、とてもシンプルな感想を抱いて終わっていた。マンネリ化を防ぐために友人に「何かお勧めの本はない？」と聞くことも沢山してきた。「この本、面白いよ。」の一言で紹介される様々な本。自分で聞いておきながら、なぜか食指が動かない。自分勝手極まりないが、ゼミでブックレビューをすることを始めたときに、

いかに本の面白さを的確に伝えることが難しいのかを知った。そして、自分自身も一言でしか人に勧めてこず、面白さも伝わっていなかったのだろうと反省した。

ゼミはいつもブックレビューから始まった。ゼミの思い出は沢山あるけれど、ブックレビューというゼミの日常が一番思い出深い。自分が本を紹介するのは毎回緊張したけれど、先生や、私以外のゼミ生がどんな本を紹介するのか毎週楽しみだった。そして、一言で勧められていた時とは違い、読みたいと思う本が劇的に増えたのもゼミが始まってからだった。自分の知らない世界へ手を引いていってくれるような、視界が広がっていくような感覚がとても面白かった。なぜ読む気になれたのか考えてみたが、やはりブックレビューをするときの皆の目や言葉がとても生き生きと輝いていたからだったと思う。

30年余り生きてきて振り返ってみると、本に向き合う時間が一番多かったのは、大学時代だったように思う。本に向き合う時間が「可能な」時間。いくらお金を出しても買えないものだ。読み進めることが遅い私は、わからないと思ったら読み返したり、気になるシーンを思い出すと、前のほうに遡っていく癖がある。それは幼少期から現在に至るまでずっと変わらない。速読を習得するためのハウツー本が沢山出ていて、「これをマスターすれば私も沢山の本が短時間で読めるようになるのかもしれない」と夢（？）を持ったりもしたが、どうもしっくりこなかった。じっくり読まなければ自分に響くものも響かなくなってしまうような気がして、結局読み方は変わっていない。そんな私が一冊を読み終えるのには時間が必要だ。

社会人になると働く時間があり、結婚すると家族との時間が増える。楽しい反面、やらなければならないことが一気に増える。読書の時間はその気になれば、それらを手早く済ませたり、手を抜いたりすれば作り出すことはできる。ただ、内容を噛みしめるように読んだり、本の世界にのめりこんで一冊を一気に読んだりする時間を取ることは難しい。学生時代の読書の時間がいかにかけがえのないものだったか、終えてみて改めて感じている。今でももっと読んでおけばよかったと思うことが多々ある。

自分の生活も変われば求める情報も変わってきた。アパレルの販売員として仕事を始めた頃は、『ファッション辞典』（文化出版局 刊）や『洗濯・衣類のきほん』（池田書店刊）を片手に勉強し、業界誌の『ファッション販売』（商業界刊）を定期的に読んで流行を追っていた。自己啓発本、販売員のエッセイなど。特に販売の仕事は楽しいことと辛いことの振幅が大きかったので、落ち込んだ時も同じ境遇の人が書いた本に助けられることが多々あった。

結婚をしてからは料理本や育児書など、実用書を中心に生活に取り入れている。ここで面白いなと思うのは仕事の始めの頃に愛用していた『洗濯・衣類のきほん』が今も活躍していることだ。インターネットやスマホで洗濯方法を見つけることは簡単だが、自分で繰り返し同じページを見ることで頭にも入っていく。ふとした時に急に気づいたのだ。これは自分にとって本当に必要な情報だったんだ、と。今は生まれたばかりの子どもと育児中心の生活をしているが、人に聞いてもわからないことも沢山出てきたので、まずは一冊と『育児大百科』（ベネッセコーポレーション刊）を手にした。小さなことでも気になったり、わからなくて不安なことがあるとその本を開くようにしている。

こうして今に至るまで、私の生活は本と共に歩んできた。学生時代は小説や未知の世界を体験する楽しい時間だった読書。それが、今は生活していて何かにつまずいたり、豊かにしたいと思ったときに本を手にしている。「知りたい」とふと思えば本を手に取る癖がついたのだ。ゼミの時間がなければ、私はここまで本を手にしていなかっただろう。細切れの時間の中で小説を楽しむのは難しいが、今はきっとそういう時期ではないのだろうとも思う。そして、これから手にする本もどんどん変わっていくのだろう。小説を楽しむ時間は育児が落ち着いた頃にまたできたらいいなと、今から楽しみにしている。

『ゲド戦記』再読

永野　早紀

ゼミで『ゲド戦記』を読んだのは、大学三年生だった。同じ本を読み合い、感想を語り合うと、それぞれが様々な感想をもっており、目の付け所に驚き、面白かった。

大島先生が、『ゲド戦記』は魔法使いの話だけど、「ハリーポッター」とは全く違うのよとおっしゃっていたのを覚えている。そのとおり、『ゲド戦記』は魔法を使うのは宇宙の均衡を揺るがすものとして、必要最低限で、魔法で物事を解決する物語ではない。

『ゲド戦記』は児童文学に分類されるが、哲学的で、読む時々によって様々な問いや答えをくれる。良い書物は時代を経ても飽きさせず、新たな発見もある。

翻訳者の清水眞砂子さんは、「雄々しき少女、アーシュラ・K・ル＝グウィンとわたし」『ゲドを読む。』（ウォルト・ディズニー・ジャパンブエナビスタホームエンターテイメント刊　２００７）（非売品）にて、『ゲド戦記』は子どもが読むには少し固く、古くさく見えるかもしれない、一度は読むのを挫折するかもしれないと語っている。あえてそのように訳した理由については、ゲドの生きた時代を表現したかったと言っている。あえて古い言葉で訳したことで、言葉の流行り廃りにあまり関係せず、40年も読み継がれてきたのだろう。

今回、『ゲド戦記』の『影との戦い』を再読して、幾つかのはっとさせられる言葉に出会った。きっと、心に引っかかる言葉はその読む時々で違うだろう。『影との戦い』の物語に沿って、その言葉を紹介したいと思う。

若きゲドは、後に大賢人になるとは思えぬほど気性が荒く、粗野で言葉遣いもぶっきらぼうである。ゲドの伯母に魔法使いの才能を見出され、オジオンのもとへ修行に行く。ここでのオジオンとの生活が、哲学的だ。オジオンは、寡黙であり、魔法を教えてくれるでもなく、ゲドはしびれを切らして、いつ修行が始まるのかと聞き、オジオンはもう始まっておると答える。

「生きるということは、じっと辛抱することだ。辛抱に辛抱を重ねて人は初めてものに通じることができる」生きることは時に辛く、何のために生きるのかわからなくなることがある。何かを志すにもすぐに結果を急ぐのではなく、辛抱が大切だとオジオンは教えてくれる。ゲドはオジオンと生活を共にするとともに信頼を寄せるようになる。決して怒ることなく、寡黙でありながらゲドを見守るオジオン。ゲドにとって親のような存在になったのだろうと思われる。

ゲドはロークの学院にて学ぶことになる。そこで、親友になるカラスノエンドウ、何かとぶつかり合うヒスイと出会う。そして、力を過信しうぬぼれた結果、死の国から影を呼び出してしまう。

この影について、ロークの大賢人でも何もわからず、自分の呼び寄せた災いを自分で解決するためにゲドは旅に出る。長たちの断片的な言葉の意味を考え、影とは何なのか、読者もゲドと一緒にどう決着をつけるのか考えさせられる。

「そなた、子どもの頃は、魔法使いに不可能なことなどないと思っておったろうな。(中略)だが、事実はちがう。力を持ち、知識が豊かにひろがっていけばいくほど、その人間のたどるべき道は狭くなり、やがては何ひとつ選べるものはなくなって、ただ、しなければならないことだけをするようになるものなのだ」。この呼び出しの長の言葉は再読した今の方が心に響く。大人になるということは、知らず識らず責任やなすべきことを増やしていくものかもしれない。

ゲドはとうとう影との決着をつける。影の方へ向き直り追って行く。名もなき影に自身の名をつけ、影と一つになった。「生」があれば、必ず「死」がある。正体がわからぬ恐怖にゲドは向き直り、受け入れることで決着をつけたのだ。物事には、明るいことだけではなく、影になる部分がある。それを試行錯誤して受け入れることで、人は成長するのかもしれない。

『ゲド戦記』の世界観を作り出すのに欠かせないのは「真の名前」である。真の名前について、河合隼雄さんが「『ゲド戦記』と自己実現」（『ゲドを読む。』前述）にておもしろい例をあげていたので紹介したいと思う。

「子どもの偏食で悩んでいるお母さんは、ニンジンをビタミンA、B、Cと思っている。子どものほうは、この臭いのは竜のフンなんかである、と思っている。

だが、この真の名前はニンジンだとわかれば、お母さんは無理して食べさすこともないと思うし、子どももまあ、食ってもええかなと思う」。

真の名前は、そのものの本質であり、それが、わからないとなんだか得体のしれない恐怖を感じ、正体がわかってしまえば、それ以上でもそれ以下でもないただのニンジン。でも真の名前を知られたニンジンのほうは、心臓をぎゅっと掴まれた気になっているかもしれない。

大人になるにつれ、私の名前も姓が変わり、お母さんと呼ばれ、時には誰かにおばさんなんて呼ばれているかもしれない。そう考えると、私の真の名前を呼んでくれる人は貴重な存在だと気づかされる。カラスノエンドウとゲドが再会した時のように、真の名前を呼ばれたら、同じ学び舎で学んだ頃の自分にすぐに戻れるだろう。

パートⅢ◆魔女っ子たちのブックレビュー

なんてすてきな日曜日

『バムとケロのにちようび』（島田ゆか 著　文溪堂刊）

佐藤　裕子

「やっと見つけたんだよこれ～！」そう言って、早川さんがとても嬉しそうにバムの人形を見せてくれた。それがバムと私の出会いだった。遡ること十数年前、川崎図書館での出来事だった。シワシワの犬の人形と、早川さんの目尻にこぼれるシワ。当時バムとケロの事はよく知らなかったが、早川さんの様子を見て、ただ者ではない！と思った。そのバムの人形は今も川崎図書館のカウンターの後ろの棚に座っていて、私には守り神のように見える。

時が経ち三児の母になった私だが、長男が五歳になるというのに、家事はおろそか。ほんの二歳児に声を荒げる毎日である。しかしそんな私にも一つだけ良い習慣と自負するものがある。寝る前の絵本の読み聞かせだ。子どものためだけではない。私自身が読みたいから習慣に出来たのだと思う。絵本は子どもが選んだものと、私が仕向けたもの。図書館から何冊か借りて来て、子どもと寝る前に楽しむのが日課だ。『バムとケロのにちようび』もその一つである。

　せっかくの日曜日なのに外は雨。こんな日は家でゆっくり本を読もうとするバムだが、何かと手のかかる同居人ケロと、綺麗好きのバムのこだわりが邪魔をして、なかなか読書の時間にたどり着けない。本を読むにはきれいな部屋でなくちゃと、まず散らかった部屋の掃除から取り掛かるバム。きれいになったと思ったら、泥だらけのケロちゃんが帰宅。すぐさまお風呂場に連れて行き、耳の中まできれいに洗ってと、まるでどこかの家庭の日常を覗いているようだ。最後に二人は疲れて眠ってしまうのだが、その寝顔の幸せそうなこと。特別なことをして過ごしたわけではないのに、なんて素敵な日曜日なんだろう。

　バムとケロのこだわりが心地よく配置された部屋も素敵で、まるでインテリアの本を見ているようである。「それにしてもバムってセンスがいいのね」なんて話しながら、絵本を子どもと一緒に読む時間も、気づけば至福の時になっている。「いたよ！　こんなところにおじぎちゃん！　あ、ヤメピも！」ページ

文渓堂刊

のどこかで自由なライフスタイルを見せてくれる小さなキャラクター達である。主人公、物語とつかず離れずといった感じの彼らの動きも面白くて目が離せない。その小さなサイドストーリーも、しっかりと子どもの心を掴んでいる。

日常を楽しむ彼らから、楽しく生きるヒントをもらった気がした。

独断のプロフィール

私がゼミを持った最初の学生、ゼミのまとめ役でリーダーシップ抜群、大学祭の実行委員長も務めたほどの力量である。もちろんゼミの創作絵本『図書館の魔女』を作るきっかけも彼女だそうだ。何をするにもアイデア抜群、卒業旅行で蔵王に樹氷を見に行った。その夜のこと、宿でゼミ生全員がリコーダーの合奏を披露してくれた。いつ練習したのやら、その驚きと嬉しさが蘇る。そういえば自身の結婚式も彼女のアイデア満載だった。明るい行動力で、プロデューサーの素質十分、グランドデザインを描くことができる。

現在は香川県丸亀市在住、卒業後勤めた会社で連れ合いと出会い、結婚、出産、三児の母親である。あれよあれよという間に、住所が変わることが、彼女の人生の転機でもあった。書いたものでわかるとおり、彼女の郷里には、さすらいのライブラリアンこと早川さんが立ち上げた岩手県川崎村立図書館（現在一関市立川崎図書館）がある。その縁でゼミ生やシェラクラブで、図書館を訪れることができた。

因みに彼女の卒論は「一関市立川崎図書館　成功の秘訣をさぐる」、実際に図書館で実習をしながら、アンケートを取りまとめたものである。その指導者が菊地繭子さん、彼女は一関市立花泉図書館立ち上げに加わるという、図書館と人の連鎖を生んでいる。（『司書はゆるりと魔女になる』に掲載）

絵本は驚きがいっぱい

『こどものとも 年少版』（福音館書店刊）

長峯　里恵

『ちいさいトラック』ねぎしたかこ 文 小池アミイゴ 絵　こどものとも年少版（434号 2013・5）

小さくて青いトラック、やる気はあるが、どうもうまくいかない。自分で何でもやりたがるのに、出来なくては落ち込む子どもの姿と重なる。悩んでいるトラックくんのところにおじいさんが現れ、風船を運ぶ仕事をやらないかと声をかけてくれる。

自分を肯定してくれる存在がいるのは心強い。真っ白の背景に色とりどりの風船が映える。かわいらしく、すがすがしい。トラックさん、笑った顔が一番いいね。

『らくだ』にごまりこ さく　こどものとも年少版（435号 2013・6）

らくだの顔のアップの表紙に圧倒された。色鉛筆で丁寧に描かれている。愛嬌たっぷりのらくださん、いい表情するなあ。

こぶ、おしり、大きく開いた口。あれ？ 上あごに歯がないこと、初めて知りました。上の平らな部分と下の歯ですりつぶして食べるためあごが左右にずれるのですね。納得。足の折り曲げ方も初めて知った。なるほど勉強になりました（常識だったらごめんなさい）。

『ちょっとそこまで』みずうちさとみ 作　こどものとも年少版（436号 2013・7）

「わあ刺繍だ！」わくわくしながら表紙をめくると、全ての絵がガーゼに刺繍を施し色が塗られている。一体どれだけの時間を費やしたのだろう。

ほっかむりをした背中の丸いおばあちゃんの表情、おじさんのパンチパーマ、たわわに実るトマトなどその表現の豊かなこと。のんびりしたおばあちゃんと人々の交流、自然。裕福ではないが幸せで笑顔があふれる生活。おばあちゃん

福音館書店刊

は「ちょっとそこまでいってきます」と自転車を走らせるが、きっと十分やそこらの距離じゃないだろうな。でもゆっくりと自転車をこぎながら行くんだろうな。あたたかい気持ちになった。

『どろん ばあ：おばけかぞえうた』小野寺悦子 文 植垣歩子 絵　こどものとも年少版（437号 2013・8）

ページをめくるたび「どろん ばあ」とおばけが出てくる。かさおばけは下駄を脱ぎハイヒールを履いている。のっぺらぼうは雑誌を見ながら口紅を塗っている。文章のテンポがよくてすいすい読んでしまうが、かさおばけを見てびっくり目を丸くしている金魚は見逃さないでほしい。ちゃぶ台、鏡台、ポットの柄……昭和を思い出し懐かしくなる。裏表紙、おばけたちが森に隠れて家族たちを見守っている。いたずら好きの心優しいおばけさん。こわがってばかりじゃなんだか申し訳ない。

独断のプロフィール

私は授業内容とあまり関係のないことを結構しゃべっていた。当時興味があり雑誌の特集があったウィリアム・モリスのこともそうである。生涯、興味の赴くままに東奔西走していた彼の性癖をうまくとらえた「彼の死因はウィリアム・モリスです」という主治医の話がおかしくて、「興味のある人は雑誌を見せます」と言って教室を後にした。そんな周辺の話に対して、殆ど反応がないのが普通だったのに、図書館のカウンターにいた私の所に「先生、その雑誌見せてください」と来たのが里恵さんだった。それが出会いである。アートに興味があり、それでウィリアム・モリスだったわけだ。図書館でバイトを始め、ちょうど昼休みの勉強会〝シェラクラブ〟にも参加するようになった。その英語力は抜群で、驚いたものである。

卒業後働いた所で伴侶と出会い結婚、一時東京で暮らしたが仙台へ戻って長女そよちゃんを出産、2015年次女さほちゃんを出産した。因みに次女の名前の由来であるが、私がこれも授業で、辻邦生の連れ合いのことを話したらしい。その名は佐保子、いい名前だと記憶して、ひらがなで〝さほ〟と命名した。

福音館書店刊

Godmother（カトリックで名づけ親）になったようで嬉しい。

シェラクラブは食いしん坊の集まりだが、彼女は美味しいものを見つけるのも名人である。小さなお店の個性的なクッキー、ドイツの堅焼きパン、滞米中のトラウマを解くほどの絶品のピーナツバターも届けてくれた。彼女のメールには、はまっている食べ物の話題があり、楽しみでもある。

絶え間なく続く命の営み

『せいめいのれきし 改訂版』（バージニア・リー・バートン 文・絵
いしいももこ 訳 真鍋真 監修　岩波書店刊）
『せいめいのれきし』（バージニア・リー・バートン 文・絵
いしいももこ 訳　岩波書店刊）

高橋稀環子

幼い頃に出会っていたら、私も科学者への道を歩んでいたかも？ 理数系が大の苦手にもかかわらず、そんなふうに思ってしまった。太陽の誕生から始まり、地球の成り立ち、太古の生物たちが興ったり滅びたりする様子。そしてわずか一万一千年の人間の営み。それらを天文学者、地質学者、古生物学者、歴史家、おばあさんと作者がナレーターとして語る。生き物たちが地球を舞台に織りなす物語を、劇場の観客席から眺めるような感覚でページをめくる。「い

岩波書店刊

ますぎていく一秒一秒が、はてしない時のくさりの、あたらしいわです」。宇宙の広がりと時間の流れの中で、自分の位置を考えずにはいられない。

図書館に携わるものなら、知らないものはない絵本なのだろうが、私は40歳を過ぎて出会った。仕事を通して改訂版の監修者とお話しする機会に恵まれた。原書の発行は1962年で、日本語訳はその二年後である。それからのおよそ50年のあいだに、天文、地質、古生物などそれぞれの分野で発見があり研究が進んだ。絵本の記述にも修正が必要な部分がでてきた。絵に影響を及ぼさない、元の訳を尊重するなど、ロングセラーの改訂には相当のご苦労があったという。すばらしい絵本を継承したいという思いと、そのための努力があったことを知った。

気になって、図書館で以前の版も読んでみた。大人になって読むならそれぞれを読み比べ、違いを発見しながら50年の間の科学の歩みを知る、そんな見方も楽しいと思った。

知識の蓄積に、正しい情報は欠かせない。ただ、絵本と教科書は違う。素直な心に絵と文が響き、宇宙や地球や生命に興味を持つきっかけとなってくれればいい。「まだ難しいのでは」と思いながら読み聞かせた四歳になったばかりの娘が、星空を見上げて「星の集まりである、銀河系のなかの、一つの星だねえ」と言ったとき、そう思った（この部分は、実際は太陽の説明なのだが）。この絵本を日本にもたらした石井桃子さんのお仕事に感謝したい。

独断のプロフィール

彼女の文章の筆頭に「司書資格を得てから、七年が過ぎてしまった」とある。ある意味驚いた。そんなに歳月が経っていたのか。彼女との出会いは２００８年富士大学の司書講習である。担当科目は資料組織概説と資料組織演習、つまり目録と分類の授業なのだが、夏の真っ盛り、丸二週間、講義する側もされる側も、朝から晩までのハードなスケジュールだった。でもその合間をぬって、受講生何人かと食事をする機会があった。大学の近くにあった自然食レストラン、その一人が稀環子さんであった。

その翌年２００９年、ノーベル賞受賞者益川敏英さんの講演が岩手大学であった。その講演は入場者制限があったが、くじ運が弱い私になぜか参加通知がきた。盛岡の地理に疎いというより、並外れた方向音痴のため彼女に案内を請うたが、その時の冷静かつ行き届いた案内に感心した記憶がある。

実際に会ったのは、講義期間とそれだけ、しかし人の縁とは不思議なものである。メールでのやり取りが続き、そして何かのきっかけで「シェラクラブ通信」を送り続け、今に至っている。ある時、旅仲間が三陸を訪れたいというので手配を頼んだ。その見事なほどの迅速な対応にも感心した。本業の仕事ぶりがうかがえる。迅速さと正確さ、そして気配りは、司書の大事な資質でもある。現在北上山地民俗資料館の学芸員、２０１５年一〜六月まで『河北新報』の「微風旋風」と言うコラムを持った。

ファンタジーへの誘い

『二分間の冒険』（岡田淳 著 偕成社刊）

宇貝　有美

誰しも思い出の一冊と呼べる作品が必ずあると思う。私にとってのこの作品は、小学生の時に生まれて初めて読んだファンタジー小説だ。読書好きになったのはきっとこの物語の与えてくれたワクワク感がきっかけだったように思う。

物語は小学六年生の悟が校庭で「ダレカ」と名乗る黒ネコと出会うところから始まる。ダレカは出会って間もなく悟を別世界へ連れて行ってしまう。悟は先生に早く戻ってくるように言われているので困るのだが、ダレカは別世界の時間の流れは遅く、元の世界で二分経つくらいまで、ゲームをしようと提案する。そのゲームはダレカを捕まえること。そして、ダレカは元の黒ネコの姿をしておらず、「世界でいちばんたしかなもの」に姿を変えているのだという。

偕成社刊

このなぞかけとかくれんぼが一緒になったようなゲームが別世界の冒険譚《ぼうけんたん》となっていく。

連れて行かれた世界では子どもたちが竜の生贄《いけにえ》になるという、理不尽で暗い世界である。事情を知らない悟は竜の生贄になることを快諾して、竜の館まで行かなければならなくなる。その道中も険しく、物語全体が重々しい描写が続く。しかし、この世界はダレカが作った世界なので、最初はダレカを見つけることを目的としているため、悟も比較的楽観的である。

物語が進むにつれて、悟は竜の生贄になるのではなく、竜を倒すことが目的になる。別世界の仕組みを知るにつれ、悟はそこでどう振る舞い、何をすべきかを真剣に考えるようになる。そして竜の館に集められた60人もの子どもたちと竜を倒すまでの展開が、とても痛快なのである。物語の前半の重々しさとは打って変わって、勇気ある者たちの知恵比べ、なぞのかけあいが、ただ単に剣で竜を倒すということには留まらない。これからの未来をかけた子どもたちが力を合わせるということがどういうことなのか。理不尽な世界で子どもながらに竜を丸め込もうというしたたかさも見えるが、素直で無邪気な言動が描かれているのが面白い。
もともとの目的だった「世界でいちばんたしかなもの」も哲学のようななぞかけで、私も答えがわからず、考えながら読み進めっていった。途中からは竜を倒す物語だと錯覚してしまうほどのめりこんでしまうのだが、倒してハッピーエンドというわけではないのが面白いところだ。ぜひ、ダレカが一体何の姿をしているのか、最後までなぞかけの答えを読んでほしい。

独断のプロフィール

「わたし、ル＝グィンはこれが言いたくて、この物語を書いたのだと思います」。衝撃的だった。そうか、そうだとその発見に煽られ、吹き飛ばされそうになりながら納得し、共感したのを十年以上たった今でも鮮明に蘇る。ゼミで『ゲド戦記』を講読した、その時の有美さんの感想である。
久しぶりに帰ったテナーがゲドに言う。
以下引用
「ねえ、わたしが留守の間、何してた？」テナーは聞いた。

「家のことさ。」

「森は歩いた？」

「いや、まだ。」ゲドは答えた。『アースシーの風』（ゲド戦記：5）

うすうす私自身も感じながら、言葉になりえなかったものを、彼女が言葉にした驚きだった。そしてさらに驚くべきことに、数年後『ゲド戦記』の翻訳者清水眞砂子さんが、「ある夫婦の肖像―『ゲド戦記』再訪」（『図書』720 p12-15 2009.2）を書いていた。そこにあったのは、奇しくも、有美さんの感想そのままだった。

大人びていた。さらに感受性が鋭い感じを受けていた。それが前記のように物事の神髄にせまるものを発現させたのだろう。ゼミではいつも落ち着いた印象、皆とのびやかに過ごしていたと思う。『図書館の魔女』の作成では、表紙の刺繍を担当した。手先が細やかな特技もある。

卒業後再会したのは早紀さんの結婚式当日だった。その直後に結婚、今ではたくましい一児の母である。

「いやいやえん」が生まれた場所

『子どもはみんな問題児。』（中川李枝子 著　新潮社刊）

石橋　典子

子どもが産まれて数ヶ月後、久しぶりに寄った本屋で目に留まったのは、馴染みのある山脇百合子さんの描く表紙だった。しかも著者は中川李枝子さん。育児関係コーナーにあるその本を迷わず手に取りレジへ向かった。産後は本を読む余裕がないと思っていたのに、一気に読み終えてしまった。

育児に悩む母親たちに向け、『ぐりとぐら』や『いやいやえん』の作者が子どもや子育てについて語る。それは17年間、保育園に勤めた中で子どもたちから教わったことだった。話の中心は就学前の子どもたち。冒頭から、子どもは子どもらしいのがいちばん、大人から見れば問題児かもしれないが、だからこそかわいいし育てるほうもおもしろいと持論を説く。

新潮社刊

全てが初めての育児で自信もなく、緊張や不安を感じながら毎日を過ごしていたときにこの本に出会い、肩の力が抜けた。不安や心配が楽しみに変わったのだ。ハウツーの育児本とは違い、子どもたちの眩しいほどキラキラした姿が描かれていて、愛情もたっぷり、読んでいるだけで元気が出る。そして、落ち着いた芯のある姿勢や優しい語り口は、私の大学のゼミの先生と重なり、読んでいて安心感に包まれた。

一番印象的な一言が「子どもの言うことは全部ほんとうです」である。嘘つかないの！と子どもを怒る自分の姿が想像できて恥ずかしくなった。現実と空想が交じり合った子どもたちの話を自然と受け取れる柔軟さが、彼女の作品にも現れているように思う。

中川さんが『いやいやえん』を書いたのは保母さん二年目のときだそうだ。あの保育園に勤めなかったら他の作品含め『いやいやえん』は生まれなかっただろうと言うほどその影響力は大きい。登場する子どもたちの生き生きとした姿や温かい雰囲気の背景に、この保育園の子どもたちがいたのだ。それを知ると、改めて彼女の作品を読み返したくなる。自分が親になったという変化も加えて、見え方が違ってくるのではないかと思うと初めて読むような楽しみな気持ちが湧いてくる。

子どもと本について、親としての心構えについても、はっきりと言い切る言葉は気持ちよく、説得力がある。信頼して読むことができるのは、大人にも子どもにもきちんと距離感を持っていることが感じ取れるからだろう。子どもと向き合う楽しさを伝え、そっと励ましてくれるこの本は、いつでも手にとれるように本棚の一番の特等席に収まっている。

独断のプロフィール

典子さんは、ただいま育休中（この本が出版される頃は職場復帰の予定）、ゼミ三回生である。一言でいえば優等生、卒業式も学科総代になるほど成績優秀、品行方正、だからと言って真面目一点張りではない。あるときゼミで詩のレビューをしていた。お祖母様の像に重なる部分があったらしく、途中から落涙を抑えられなかった。とても人間的な面が見えた、思い出す光景の一つである。

それに非常に手先が器用（私とは大違い）で、春休みだったか高校の時の制服が処分されそうになって、そのミニチュア版を作る凄腕ならぬ凄指。その出来は素晴らしいものだった。私の誕生日には、手作りの物を贈ってくれるのがゼミの伝統のようになっており、三回生の彼女たちは、本棚をデザインしたパッチワークを作成してくれた。その中心になってくれたのも彼女である。

超難関の国立大学図書館の試験を突破、最初に東北大学附属図書館工学分館に勤務、その後宮城教育大学附属図書館に勤務している。そこでも特技を発揮し、図書館のマスコットキャラクター（はぎのすけ〈東北大〉、MUE〈宮教大〉）をフェルトで作ってしまうほどである。

ある時、カウンター勤務についていると、学生から私の著作のリクエストがあったという。思わず「私のゼミの先生だったんです」と勢い込み、相手に引かれたとメールがあった。因みに結婚相手はゼミ生ではないが、教え子である。どうも図書館でのアルバイト時代がきっかけらしい。

大切にしたい、昔話からのメッセージ

『昔話が語る子どもの姿』(小澤俊夫 著　古今社刊)

稲妻　晶子

「小澤俊夫　昔話へのご招待」というラジオ番組がある。仕事帰りの車中で偶然耳にし、昔話研究者小澤氏が語る昔話の世界観に引き込まれて、この本を手に取った。昔話というとそこには道徳的教訓が含まれていると思われがちであるが、そういう話はごく少数で、むしろ広く人間一般のことや子どもの成長を語っている方が多いという。この本で著者は、教育者としての観点も交えながら「子どもはいかに成長していくか」をキーワードとして、昔話が大人にこそ多くのメッセージを語りかけていることを教えてくれる。

日本各地に伝わる「わらしべ長者」の話。できそこないの三男が、父から貰った藁を蓮の葉、味噌、名刀と交換していき、最後には長者の婿となる話である

古今社刊

が、これは単に〝物々交換で大儲け〟の話ではない。子どもは自分が獲得し持っているものと丁度合致するものに出会ったときに、初めて次の段階を有効に進むことができる、と捉えることができ、現代では過剰な早期教育に対する忠告にもとれるのである。

「灰かぶり（シンデレラ）」も興味深い。本来は三度も舞踏会に行く。煌《きら》びやかな世界に行っては、汚く辛い場所に戻ってくる。その繰返しを著者は思春期の心の揺れと分析する。しかしディズニーの登場により、今では舞踏会は一度きりというのが一般的になっている。このように物語の語り口が壊れてしまうと、そのメッセージは読み取ることができなくなってしまう。殺傷や刑罰の場面の残酷さもカットや変更の対象とされるが、それは古代の信仰からきていたり、生命の成り立ちであったり、裏を返せば「生」を知るために必要な要素である。昔話はあちこちに多くのメッセージを含んでいるため、そのストーリーを軽率に排除してはいけないのである。

昔話を楽しむには何が必要か。それは想像力である。耳から聞いた話が理解できるのは言葉から絵への変換作用が働いているということであり、これは想像力のなせる技である。著者は、学問をはじめあらゆる行いの基礎には想像力が必要であり、それは平和を守る力でさえあると断言する。この力を育むにはやはりお話を聞き、心の中にたくさんのヒントを蓄えていくことが基となるのである。

現代は何でも効率的。しかし、子どもの成長過程は昔話の時代と何ら変わりはないのである。人間の生き方、そして自然や平和に対する考え方など、昔々から伝わってきたメッセージを私たちはもっと大切にしたいものである。

独断のプロフィール

同僚として一緒に働いていた頃、彼女の携帯に楽しい写真があり、その一つが〝ブエナス・ノチェス〟拙書『司書はときどき魔女になる』の「シェラ・クラブ」の項にその写真に使わせてもらった。これは（野暮を承知で解説するが）、スペイン語のブエノス・ノチェス＝こんばんは、になすをかけたものである。

そのさりげないウィットを、日常から切り取る才能に感心した覚えがある。

彼女の図書館での最初の仕事は、ＩＬＬ（図書館間相互利用）の文献複写だった。その仕事の正確な迅速性は皆も認める所で、多い時は年間千件を超す依頼を、一人でこなしていた。不確かな書誌情報の場合、その調べ方をよく質問してきた。今のようにネットで簡単に調査できない時代、さまざまのレファレンス・ツールを使って、いつも熱心に調べていた姿が思い出される。不確かな情報等で文献にたどり着けず（この手のものは本当に多いのだが）謝絶するときに、相手方にその情報まで提供するという、かなり高度な究極のサービスをしていた。

その後ピアノの腕がかなりのものと知り、個人教授を頼んだ。習い事が続かない習性の私としては、直接自宅へ来てもらうのがいいと考え、安い授業料を夕飯付き？で釣って、数年教えてもらった。それまでの私のピアノは自己流、修正も大変だったが、堅実な彼女の性格どおり基礎を教えてもらい、今は自分の楽しみ程度に弾いている。「楽譜は世界共通の言語で、それを読めることはもう一つの言語を知ることと同じです」との言葉も印象的だった。

因みに姓の稲妻、意味する所の電光石火とは遠いおっとりした性格である。現在東北福祉大学図書館勤務。

私への応援歌です

『あまからカルテット』（柚木麻子 著　文藝春秋刊）

高野　暁子

自分の人生の主人公は自分！

30代、これからまだまだ新しい可能性が広がっている。美味しいもの食べて行動しよう！　そんな風に前向きになれた。

30代になって、今までにはなかった不安が大きくなった。ことあるごとに年齢を気にしたり、他人と比べては落ち込んでいた。そんな将来に対して悲観的になっていた時期にこの本に出会った。

主人公は中学時代からの親友、30代目前の四人の女性。それぞれ、ピアノの先生、主婦、化粧会社美容部員、編集者として自分の選んだ道を歩んでいる。各章ごとに、一人ひとりを主人公として、「恋する稲荷寿司」「はにかむ甘食」

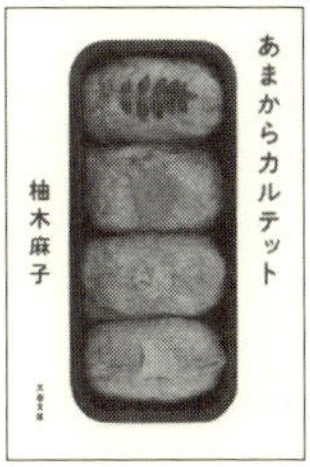

文藝春秋刊

「胸さわぎのハイボール」「てんてこ舞いにラー油」「おせちでカルテット」というタイトルでその日常が描かれている。

悩みと直面したときの心境や行動から、四人の性格の違いが伝わってくる。四人の関係は、時に頼ったり、助けたり、時には意見をぶつけあい対立しながらも友を助けようとする。その姿に相手を思いやる気持ちが表れている。四人はそれぞれ悩みとどう向き合い、その悩みから抜け出していくのかが気になった。

一人ひとりが自分の音を奏でることでカルテットが成立するように、助けてもらうにも、支えるにも、自分の音は自分にしか奏でられない。自身の悩みは最終的には自分が動かなければ何も変わらない。行動がもたらす変化、それは前に進まなきゃわからない。この本は、その一歩を踏み出す勇気をくれた。四人から背中を押されている感じがした。きっと読んでいる人を五人目の主人公にしてくれる。そんな気分で読み終えた。不思議と元気が湧いてきた。

タイトルにもなっている食べ物は、要所要所で心を動かし、行動をもたらす重要なきっかけにもなっている。そこがとてもいい。食べ物は個々の物語ごとに、興味と食欲を刺激される。それは食べ物にあるパワーや可能性なのだろうか。食べ物を小説に融合させるなんて素晴らしい。

独断のプロフィール

三年次からゼミに加わった。授業や図書館で顔見知りではあったが、その超真面目？な様子に、一瞬困ったと思ったのも杞憂《きゆう》に終わった。超真面目なのは、多分今も変わらないだろうし、職業もその後押しをしているかもしれないが、時折なんともユーモラスなのだ。ゼミの仲間はそれをよく熟知していると見え、絵本『図書館の魔女』に描かれた暁子ちゃん、カレーに悩殺されている場面がある。一方その絵本作成作業、冷静な彼女は編集や校正を担ったとある。ゼミでも欠かせない調整役だったらしい。

そして、私の食育を一番真面目に享受してくれたのは彼女なのだろうか。卒業後親元から独立して働き始め、お味噌汁はちゃんと出汁をとり、さらにお弁当も作っているという報告は嬉しい。またある時「柚木麻子読んでます」というメール。『ランチのアッコちゃん』—あなたの体はあなたの食べたもので出来ています―なるほどと唸った。これも食つながり、それ以来柚木麻子は私のテリトリーに入っている。

人生空回りになろうとも、思うようにいかなくても、人並みでなくてもいい。大事なのは自分を肯定すること、そして一生懸命という特技を生かし、暁子ちゃん独自の人生を生きること。私から彼女への応援歌である。

たまっていた手紙

『ポプラの秋』（湯本香樹実 著　新潮社刊）

永野　早紀

もうじき七歳の千秋は父を亡くし、母と二人で小さなアパートに移り住む。そこには、とっつきにくい大家のおばあさんが住んでいた。彼女は自分が死んだ後、預かっていた手紙を死んだ人に届けるという。千秋はその言葉を信じ、父への手紙を託す。

この物語で、子どもにとって、親も重要だが、ワンクッションおいた存在も重要だと思った。千秋は幼いながらに、父の死を手紙を書くことで少しずつ乗り越えて行くのがわかる。それをおばあさんは間接的に静かに見守っている。

この本では、おばあさんがワンクッションおいた存在だったが、それがペットであったり、お隣の人であったり、遠からず近からず心地よく寄り添ってく

新潮社刊

れて、その存在の大切さに気づかされる場合がある。『夏の庭』(湯本香樹実 著)のおじいさんや、『西の魔女が死んだ』（梨木香歩 著）のおばあさんもそんな存在である。案外お年寄りと子どもは、大人と違った別の時間をゆっくり過ごしていて、いいペアなのかもしれない。それは、千秋にとっても、かけがえのない時間だったと思う。

千秋は母が再婚したこともあり、思春期頃から反発心を持っていた。28歳になった千秋を母の想いに気づかせてくれたのも、おばあさんがいたからこそと思う。母もまた、彼女に手紙を託していた。時間をおいて知らされる真実、母の想いに暖かい涙が出る。母は千秋を母の目で見守っていてくれていたと気づく。

おばあさんはどうして、手紙を書くように言ったのだろう。千秋だけでなく、大切な人を亡くした多くの人に手紙を書くように言っていたので、葬式の時、棺の中は手紙でいっぱいだった。千秋が手紙を書いたのは、彼女の亡くなった従兄弟の話からだが、ある人には、亡くなったのが父親や同い年の女の子だった。もしかしたらよほど辛い目に遭って、本当の話ができなかったという人もあれば、嘘ばなしを考えて楽しんでいたという人もいる。いずれにしても、彼女は人を亡くすという心の痛みを一番知っている人だろうと感じた。不思議な魅力のあるおばあさんに、千秋は再び生きる気力をもらう。

湯本香樹実の作品のテーマは死の世界であると思う。そして、それと生きている世界をつなげるものが、物語のキーワードであり、それが、『ポプラの秋』では手紙であった。重くなりがちなテーマであるが、千秋のたどたどしい手紙ややりとりが、作品を和らげている。心に優しく響く温かい物語である。

独断のプロフィール

早紀さんは東北人（山形県酒田市出身）らしく多弁ではないが、ユニークなキャラクターの持ち主である。結婚直前、久々にあったゼミ生たちに、結婚やお相手について聞かれた早紀さん、その当意即妙の答えは爆笑もの、「天才的質疑応答」（裕子ちゃんのメールから）で、皆を煙にまいていた。ゼミ生合同の創作絵本『図書館の魔女』ではその絵を担当、そしてこの本の表紙絵も描いてくれた。優れた絵の才能の持ち主でもある。

彼女のエピソード、結婚式で幼稚園から高校までずっと一緒の親友の思い出である。小学校時代、実験で失敗した人がいて、皆の嘲笑の的だったそうだ。そこに居合わせなかった早紀さんに、友人が話し、当然一緒に笑ってくれると思ったのに、返ってきたのは意外な答えだったとか。「その人の立場になったら、笑えない」と。そうか、その頃から彼女は、人間の核になるものをしっかり持っていたと感動を覚えた。そのことを覚えている友人もいいなと思った。そして人を思いやる想像力は創造力へも通じる。

ゼミの時の彼女のブックレビューから、私は少なからず影響を受けた。『ぶたのたね』（佐々木マキ 作）はゼミ生みなで大笑いした。そして湯本香樹実の『夏の庭』も印象に残っているものの一つ、選書の勘が優れていた。

私の心に寄り添う本

『キッチン』（吉本ばなな 著　福武書店刊）

西野目悠乃

この本を手に取るのは、もう何度目になるだろうか。母が好きな本で、私も大好きな一冊になった。大切な人の死、人がその絶望的な中で少しずつ光を見つけながら生きていく姿が描かれている。

唯一の肉親だった祖母に先立たれ、天涯孤独となった主人公のみかげ。そんな彼女に、家に来ないかと言ってくれた雄一と彼の母（実は父親）。みかげにとって、親戚でも何でもない、言って見れば赤の他人との生活が始まる。田辺家との不思議な繋がりの中で、枯れた花に水が染みわたっていくように、みかげは少しずつ生きる力を蓄えていく。しかし、後半に雄一の母えり子も死んでしま

福武書店刊

い、今度は雄一が天涯孤独となる。

死は、決して他人事ではなく誰しもが隣合わせにあるものだ。大切な人を失くして、それでも人は生きていく。死の傷みを受けても、少しずつその傷を癒していきながら、日常を取り戻していく。人に触れ、その優しさを肌で、心で、感じながら、みかげは、自分がちゃんと生きていけることを実感していくのだ。

一番好きな場面がある。みかげが雄一にカツ丼を届けるのだが、そのカツ丼が彼の生きる活力を引き出してくれた。「食べる」ことで、前に進むきっかけとなったのだと思う。食べる事は、生きる事につながるのだ。そしてこれは、タイトルの「キッチン」ともつながるようだ。

物語中、一体何回「台所」という言葉が出てくるのだろう? 文中に「ここに立つとすべてが振り出しに戻り、なにかが戻ってくる。」といった一文がある。まさに台所を上手く表わしている一文だと感じた。台所は、食材（生きているもの）をさばく場所であり、それを食べる事で自らが生かされている。命をつなぐ場所であるのだ。みかげにとっての台所は、生きるエネルギーを与えてくれる自分の糧となるものなのだろう。

作者のデビュー作となるこの本は、その文章の魅力にすっと吸い込まれていくようで読みやすい。何気ない言葉に惹かれていく。読んでいくうちに、静かに包まれていくような感じを覚える。悲しみの中にいる時の、それにそっと寄り添うような優しさみたいなものだと、そう思った。それが、何度もこの本を手に取る理由だろうか。

大切な人の死をどう受け入れていくか。この本は、その日々の中で、食べる事＝生きる事をシンプルに教えてくれる。生と死を扱ってはいるが、じっとり重いわけではなく、さらっと気持ち良く描かれている。それは、救いが日々の生活の中に必ずあるからなのだと感じた。

独断のプロフィール

三年次からゼミに加わった。夢見る夢子ちゃんのようだった彼女も昨年出産、一児のママとなり現在育休中である。結婚前までは、メールではなく長い手紙を書いてくれた。仕事に悩みながらも、誠実に日々を送っているようだった。学生時代のこんなエピソードがある。

ある時図書館に小鳥が入ってきた。このような生物の侵入には困ることが多かったが、中でも鳥には往生した。建物に間違って入ってくる時点で、その鳥は方向感覚を失い弱っている。その侵入者の小鳥は、所かまわずバタバタと壁や窓にぶつかっていた。うまく窓から出ることは不可能に近かった。それでも追っていき、階段の踊り場まで行った。その時、悠乃ちゃんはバイトだったのか、図書館にたまたま居合わせていたのか、一緒につき合ってくれていた。すっかり消耗した小鳥は、踊り場で動かなかった。そーっと近づき両手に収めた。それほどの小ささだったし、捕まえても動きもしなかった。図書館を出て草むらに小鳥を置いた。それでも逃げるどころか動けなかった小鳥。その時点では私は図書館へ戻った。後で報告に来た悠乃ちゃん、かなりの時間を要したが鳥は飛び立ったという。そんな目に見えない優しさをたくさん持っている。

ある時、辛いことがあって涙を一杯ためていた表情、また、手話サークルに入っていた彼女、手話を交えて歌を歌っていた様子も、交錯する思い出である。それも、手話のしぐさの優しさが残る。現在日本郵政勤務。

悲しみは幸せとともに

『月の上の観覧車』（荻原浩 著　新潮社刊）

八巻　千穂

「世界のうつくしさは、たぶん悲哀でできている」長田弘の「世界の最初の一日」の一節。私の心を揺さぶるこの言葉は、悲しみは幸福の一部であるかのような寂しさと静かな希望に満ちている。詩を味わうような、〝悲哀〟の波紋が心に広がる八編の短編小説は、愛おしくもあり、忘却したくもあるきっと誰にでも起こり得る日常が描かれている。

ある程度の年齢に達すると、自分の今後の人生がどんなものなのかなんとなく想像できるようになる。十代、二十代の時のような人生への限りない期待とは全く違った、不安を伴う緩やかなうねった道がかすか前方に広がっているのが見えて、後ろを振り返りあの時の〝もし〟を考えることがある。「レシピ」

新潮社刊

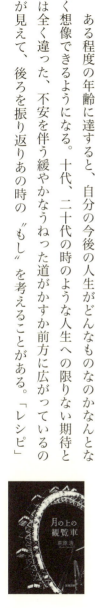

に登場する主婦の里瑠子（りるこ）は、自分が作ったレシピノートを開きながら過去の恋愛を振り返る。料理の記憶と共に付き合った男性たちとのやり取りを鮮明に思い出す。最初の男性は結局保護者だったのよと独り言ちながら、よくチャーハンを作ったこと。仕事に復帰した先での課長とフレンチのフルコースと情事未遂のこと。「あったなぁ」と私も呟き、自分の過去の出来事も蘇る。〝アイツの誕生日には、リクエストのスペインオムレツと本格パエリアを作ったな。上々の出来栄えで、祝うことよりも自分の料理の腕への満足度が上回ったっけ。もしかしてあの恋愛自体そういうものだったのかもしれないな〟等々。

表題になっている「月の上の観覧車」は、大切なものを失い、夢現のうちに別れた者たちと出会いながら、つかの間人生を振り返る初老の男性の物語である。終わりに近づいた観覧車の中で、「人生に二周目があればいいのに」とつぶやくが、二周目がないことを彼は重々承知している。観覧車から見た三度目の月と、見送った人たちの面影を追いながら今を生きている事の不条理さを思わずにはいられないのだ。しかし、彼は今日の月が一番きれいだということに思い至る。

人生は悲しみの方がずっと多いのかもしれない。人生には避けられない喪失があると気がついたとき、きっと世界はもっとうつくしく映るのだ。時折過去を顧みて今の自分に折り合いをつけながら、うつくしい世界を歩きつづけるのも悪くない。〝祝福〟という言葉が頭をよぎる。悲しみも含めて人生は丸ごと祝福されているのかもしれないと思える、心地よい後味が残った。

独断のプロフィール

一言でいえば、my unpaid secretary（私設無給秘書）、教え子なのに負うところが多く、面倒をかけっぱなしの状態である。公私ともに世話になってばかりだが、旅でもそれは変わらない。２００８年から五回ほど行ったヨーロッパ旅行、そのカルテットメンバーの一人でもある。偶然構成されたメンバーだが、そして一人だけ年若い娘世代なのに、なぜかゆったりといい旅ができる。国内でも図書館大会で島根、福岡へも一緒に行った。福岡の時は武雄市図書館や伊万里市民図書館も見学、その後熊本まで足を延ばした。方向音痴でもドジでもなく、私の調整役である。

それはさておき、彼女は私の教え始めの頃の学生である。成績優秀でよく図書館で顔をみかけていた。大学の事業である、スロベニアのリュブリャーナ大学との交流一期生で、たしか一ヶ月ほどかの地へ行っていた。授業に穴があくのは当然である。しかし帰国後、休んだ間の演習問題（資料組織法）を解いてはカウンターへ持ってきていた。そのやる気は昔から変わりない。

卒業後アルバイト時代を経て図書館員になった。小野寺君ともども一緒にカウンター勤務をした時期は、私の長い図書館生活の中でも楽しい時間であった。一時期教務課に異動になったが、やっと図書館に戻り、すでに中軸として他の図書館員をリードする存在である。モダンバレエの特技で、毎年舞台にも立つ実力を持つ。身体表現にも優れている。

そして、彼女と一番の共通項は、〝フェミニスト〟であることかもしれない。現在東北福祉大学図書館勤務。

雪、デザイン考―

『雪の文様』（高橋喜平、高橋雪人 著　北海道大学出版会刊）

辰口　裕美

スキー場のリフトに乗っていると、降ってくる雪の小片がウエアにちょこんと乗っている。ふわっとした中に様々な突起があって、触ろうとするとあっという間に消えていってしまう。その美しさに見とれていると、リフトは終点に来ていて、慌てて降りる羽目になる。

雪の結晶は、気温や湿度などの自然の要因でいろいろな形ができるものだと知識としては知っているが、本当に不思議なものだと思う。昔の人もそのように感じていたようで、雪のデザインは、上杉謙信の胴着にも刺繍が施されており、戦国時代にも用いられてきたことがわかっている。そして、江戸時代には、当時は珍しかった顕微鏡を用いて雪片をスケッチして記した『雪華図説』

北海道大学出版会刊

（土井利位 著 1832）が出版され、巷では雪の文様が流行したという。雪は、古くから雪国の人たちの身近なものであったのだろう。

雪氷学者の高橋喜平と雪の文様が施された骨董品の収集家である息子の雪人の二人でまとめたのがこの本だ。刀の鍔《つば》、食器、織物、浮世絵などの雪の文様を、写真や図を多用して歴史的にたどったエッセイである。

そういえば、この本の各ページにデザインされた「ゆきわ」が、新潟の老舗お菓子屋さんの包み紙に使われていることに気がついた。現代でも雪のデザインはいろいろなところで見ることができる。著者は、この本の中で、牛乳やオリンピックのマークにも言及している。そして、北海道大学の校舎の形（上空からの写真が掲載）まで！

中でも目を引いたのが、最初のカラーページの、男女の絡みの浮世絵である。枕絵と呼ばれるもので、江戸時代に枕元に置く絵として、つまり、これを親が娘に伝える嫁入り道具としてそっと箪笥《たんす》に入れていたものだという。これが江戸時代の性教育の方法だったという。そのような枕絵「男女交合図」の女性の着物と枕絵の枠に、雪の文様が描かれている。なぜ雪なのか。雪の文様は庶民にとってポピュラーなものだったからなのか、他に意図があるのか興味深い。

それにしても、浮世絵や骨董などの知識を、私は全く持ち合わせていないのだけど、この絵の迫力には驚かされた。冷たく非人間的な雪と男女交合図。対照的な二つが合わさることで、より人の目を引く効果があったのだろう。このように、枕絵の中に描かれるくらい人々の生活に密着していた雪である。今も昔も、それは変わっていない。

雪は雪崩などの災害になることもあるが、雪遊びや雪まつりなどの地域のコミュニケーションツールとしての一面も持つ。このような雪の多様性・多面性は、私たち人間にも当てはまるのではないか。不思議な共通性とつながりを感じる一冊だった。

独断のプロフィール

教え子ではないけれども、所属の大学図書館で学生バイトを雇い始めた頃の出会いである。聡明で気立てもよく、亡き友とよく連れ歩いたものだ。食いしん坊の素地があったのか、冬場になると、タンシチュー（これも亡き友と本格的に煮込んで作ったもの）を食べそこなったことが記憶に蘇るとか。

　卒業時の「私絶対司書になります」という言葉どおり、司書として新潟市に採用になり、現在は新潟市立坂井輪図書館の館長である。

　バイトの時、雑誌係の手伝いをしていた。当時考古学関係のロシア語雑誌を購入していたが、そのロシア語タイトルを読んだのだ。驚くべきことだった。彼女は新潟市出身、新潟港に来航するロシア船名が読めないのが悔しく、ロシア文字を覚えたという。その知的好奇心に感心した鮮やかな彼女の印象である。

　これもしばらく前になるが、新潟を経由する旅の途中で会った時のこと、当時彼女は一種のスランプ状態で、図書館とは何？というような根源的な問題に突き当たっていた。今度の原稿に書いているが、そのときの私の言葉「図書館は民主主義の砦でしょ」が、自分の柱になっているという。

　数年前に新潟市立中央図書館見学で久しぶりに再会、風貌はほっそり、ひたと相手を見つめる表情も学生時代と変わらなかった。しかし彼女が私の変化に一瞬ギョッとした様子、「ふくよかになられました？」という柔らかな表現をした。しかし原稿を読むと、実際はたくましく活躍する館長さんであるらしい。

ミステリとは何か　～禁書世界の少年たち～

『少年検閲官』（北山猛邦 著　東京創元社刊）

小野寺竜司

殺人や犯罪を描いたミステリは有害図書とされ、そのことが発端となってすべての書物が禁止されているという、レイ・ブラッドベリの『華氏451度』を思わせる世界。温暖化による海面上昇で、居住可能な土地が少なくなった、少し未来の日本を思わせる小さな町で、連続殺人が発生する。しかし禁書の影響により、人々は殺人事件についての知識を持たず戸惑う。そんな中、ミステリにあこがれ、いつか書物を読むことに憧れて旅を続ける少年と、ミステリを検閲するために育てられた少年が出合い、謎の核心へ迫ってゆく。

『華氏451度』の世界をベースに、ミステリをうまく融合させた物語という印象を受けた。主人公は書物を求め、また書物が禁じられていても、知識を

東京創元社刊

残そうとしている人々もいる（さまざまな小物に偽装した〝ガジェット〟にミステリの記録が残され、秘かに伝えられている）。「失われていくものを、かろうじて手のひらの中に残し続けるために、後世に伝えることを、けしてやめてはならない」という登場人物の言葉が、ブラッドベリの意志を継いでいるように感じさせる。

そしてミステリを求める主人公の姿は、読者の姿とも重なる。実際の殺人事件に直面した主人公は、「僕は『ミステリ』に何かを期待しているのかもしれない。けれど一体何を期待しているのだろう。『ミステリ』はただの殺人物語だ。この世から排除されて然るべき物語だ。暴力・犯罪・流血・殺人……　僕はどうして『ミステリ』に憧れに似た感情を抱いているのだろう。僕は何のために『ミステリ』を追い求めているのだろう」と自問する。

独特な世界設定により、謎とその解明という過程を際立たせたこの物語そのものが、この問いへの回答となっているのではないだろうか。一応は平和で（検閲もない）世の中だからこそ、事件（多くは殺人）による、奇妙な謎の提示と、その合理的解決に至る〝ミステリ〟を、私たちは楽しむことができる。ミステリの本質を示す物語でもあるように思う。

独断のプロフィール

彼が「シェラクラブ」の名付け親、詳細については「シェラクラブの来歴」に記したのでここでは省略する。授業では、いつも質問にくる真面目な学生だった。本や図書館が好きな熱意は、それだけでも十分伝わった。図書館バイトにも真っ先に応募し、それがつながって卒業後も数年一緒に働いた。当時私が関わっていた大学の「感性福祉研究所」の事務補佐をお願いし、カウンターも兼務していた。まじめ過ぎるのがたまに傷、融通のきかない所もあるので、随分と叱った記憶がある。放言した当事者は忘れているが、言われたほうは傷ついただろうに、それにもめげずよく働いてくれた。

当時レファレンスのリスト作成などは、彼のお手のものだった。語学が堪能だったので、洋書のレファレンスの解題をつける高度な作業も手伝ってもらった。秋田出身で一人息子であるから、家を離れるまでは家事などしたことがなかっただろうに、まがりなりにもちゃんとお弁当を作ってきて感心したものである。上京してからは、数度しか会っていないが、会社員になって弁当作りは続いているのだろうか。

彼も言葉遊びが得意で、印象に残ったものがある。仙台市内の某ホテルのロビー、世界中から集めてきたものが所狭しと並べてある。何でも並べればいいってもんじゃやねぇ！と怒鳴りこみたいほどの様を呈しているのだ。キッチュといえば聞こえはいいが、ギリシア・ローマ風彫刻から、中世の甲冑類のもの……、何のプリンシプルもなく、センスがないことこの上ないことを称して、彼は言った。

「アヴァンギャルドのロビー！」今でもそのホテル近くを通る時、思わず中を覗いてしまう。

「この星に消灯時間がおとずれるときも手を繋いでいましょうね」

『えーえんとくちから　笹井宏之作品集』（笹井宏之 著　筒井孝司 監修　ＰＡＲＣＯ出版刊）

斎藤由理香

　幼稚園の頃だったと思う。寒い季節になると決まって咳喘息を患っていた。発作的な咳は真夜中に起こり明け方近くまで続くので、治まるまでじっとしているほかはない。浅い呼吸を繰り返しながら、目を閉じると二度と目覚めることが出来ないのではないかという恐怖を子どもながらに感じた。呼吸が楽な方に体を傾けると、カーテンの隙間から夜空に瞬く星が見える。ふと、夏に遠足で行った天文台で案内をしてくれたおじさんの話を思い出す。星は毎日どこかで生まれては消えていく。その放つ光は果てしのない時間をかけて私達の目の

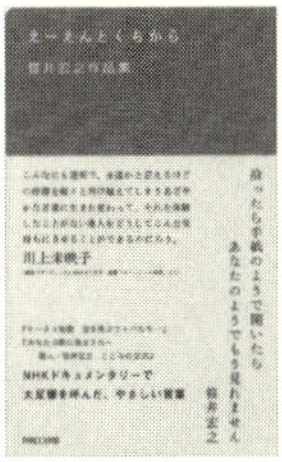

PARCO出版刊

前に届くのだということを。

星は今この夜も静かに輝いている。生まれたばかりの星、消えていく星。その光の旅路を想像する時、夜を越えていく星が見守っていてくれるような気がした。ひとりじゃないんだな…そう思えることで、少しだけ安心して目を閉じることが出来たことを今でも覚えている。

笹井宏之の短歌に初めて触れた時、幼い頃眠れぬ夜に感じたあの不思議な安らぎを思い出した。

それは寂しさの中にのみ存在する刹那的な幸福感なのかもしれない。

笹井が短歌を作り始めたのは21歳の頃。思春期の頃に重度の身体表現性障害という心身の病を患い、生まれ故郷の佐賀県有田市の自宅で療養生活を送っていたが、26歳という若さで亡くなった。第一歌集『ひとさらい』が刊行された丁度一年後だったという。その短い時間の中で作られた短歌は、日常の風景や家族との生活、そして病と向き合う葛藤を瑞々しくも、時に切ないほど温かい言葉で綴られている。

「切れやすい糸でむすんでおきましょう　いつかくるさようならのために」
「よかったら絶望をしてくださいね　きちんとあとを追いますからね」

彼の短歌は従来の形式とは異なり一行詩に近い。しかし、瞬きの間にも零《こぼ》れ落ちていきそうな時間と感情の一片を柔らかな感受性のフィルターを通してその刹那《せつな》を完結させるには、三十一文字の表現を以ってしか叶わないように思う。それほど儚《はかな》く、永遠が見えてしまいそうなくらい透明である。その煌《きらめ》く歌を残し彼は永遠を越えて行ってしまった。

「白砂をひかりのような舟がゆき　なんてしずかな私だろうか」

笹井の綴る言葉は孤独に寄り添いながら、その輪郭を慎ましく照らす星の光に似ている。私もいつか一人永遠を越えて行く日が来るだろう。その時はまた思い出そうと思う。傍らにこの優しい光があることを、そして少しだけ安心して目を閉じることが出来ることを。

独断のプロフィール

「斎藤ゆかりさんね」もう二昔ほど前、図書館カウンターでのことだった。貸出のデータで名前を読みあげた。「いいえ、ゆりかです」と答えが返ってきた。（イケナイ、名前を間違えた！）一番やってはいけない間違いをした相手が彼女だった。それが言葉を交わした最初だと記憶している。授業を教え始めて最初の頃の学生、教室の窓側の前方に座っている彼女を覚えてはいた。いつもきちんとした姿勢で、こちらをしっかと見て授業を受ける学生は珍しく、その態度だけで芯が通った人となりを感じさせるものだった。

彼女は千穂ちゃんと同時期に図書館でアルバイトを一年間、雑誌係として働き、その後宮城県美術館に五年、仙台市博物館、東北大学附属図書館と、仙台市川内界隈で十数年を過ごした。そして私の退職と入れ替えに、東北福祉大学図書館で働いている。その職場の変遷も大変だったと思うが、それにも増して過酷な人生の試練があった。お母様が最初に病で倒れ、その後お父様も病をえて、入退院の繰り返しが続いた。そして長い闘病の末、お父様は２０１２年八月に亡くなられた。彼女は一言の弱音も吐かずに、その長い歳月、ご両親を支えた。見事と言うほかはない。因みに彼女は一人っ子である。周りにいる者は何もできず、おろおろしてしまう始末だった。外見からはそんな背景を微塵も感じさせず、いつも毅然とした態度は清々しいものがある。現在東北福祉大学図書館勤務。

パートⅣ

◆番外編　食卓を囲んで

食卓を囲んで　カレー、フォンデュ、パウンドケーキ

マイカレーが出来るまで

出張先で、本業をそっちのけでの物見遊山も定番だったが、買い物も必定だった。ある時弘前で、東北地区大学図書館協議会の研修があり出かけた。弘前は素敵な佇まいの町だった。歴史ある城下町、弘前城はもちろんだが、古くから続いている喫茶店も然り、大倉陶苑の贅沢なカップで美味しいコーヒーを供してくれた店も忘れることができない。

繁華街を歩けば、洋装店のショーウィンドーにも垢抜けた物が目についた。その足でデパートへ、好きなブランドの洋服に目を奪われてつい買ってしまった。その店員さんと話をしているうちに、出張なのだとわかると、「お土産を買いました?」と聞かれた。そして勧めてくれたのは、ありきたりのお菓子ではなく、〝りんごカレー〟だった。「美味しいんですよ」と強調した彼女の言に違わず、そのカレーは絶品だった。カレーのどこかとんがった味がマイルド

になった。以来、マイカレールーはりんごカレーなのだ。

ゼミを持って学生たちと密に接するようになった時、一人暮らしの学生が、あまり料理をしていないのが気になった。これはいけない、学業分野の指導とは違うが、自立して生きて行くための知恵も身につけてほしいと思った。男女にかかわらず、日常を生きるための食の大切さに気づいてほしい。それが会食の始まりである。

ゼミ生やシェラクラブ会員たちとの会食以前、当時図書館でアルバイトをしていた学生を、慰労の意味で自宅に招待していた。その定番がカレーだった。新聞の料理欄で見たのを参考に、自分なりにアレンジして定着したのである。生姜、ニンニクを炒め、野菜を煮込む。そのスープは手羽先を茹で、手羽先の肉をむしり取ってそれも一緒に煮込む。そして最後、前述の〝りんごカレー〟の登場となる。それが学生たちに「大島ゼミの伝統はカレーです」と言わしめたのである。

ある時は大人数でのカレーパーティ、当時仙台の八木山動物公園の真ん前に住んでいた居宅に十数人を招待した。ご飯だけでは足りず、近くにあったイン

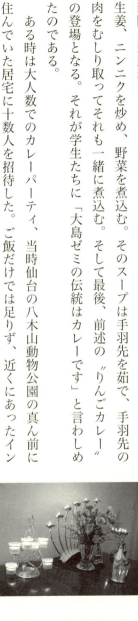

ド料理店で焼きたてのナンを購入した思い出もある。
ともあれ、このカレー何度作ったことだろう。現在生まれ故郷に戻り、シェラクラブやゼミ生が集まる時は、定番のカレーが多い。最近では、ささやかな家庭菜園で取れた夏野菜、トマト、なす等を煮込むこともあるし、これも自宅で取れる筍に、椎茸入りのメニューもある。変幻自在カレーとでもしておこうか。融通無碍《ゆうずうむげ》は、料理にも、そして人生にもいい。

フォンデュの思い出

ひさびさにシェラクラブの集まりにフォンデュをすることになった。これは冬の定番である。赤胴のフォンデュ鍋、卓上で調理できるように、同じく赤胴のアルコールランプがついている。それに燃料用アルコールを持って来て入れた。それがどういうわけか、火がつかない。量が足りない？と注ぎ足した。それでも一向に炎の姿はなし。古くなって、中の石綿がダメになったのかと話している所に弟が通りかかった。「何入れてるの。グリセリンって書いてあるよ」エッ、火がつかないはずである。所定の場所に置いてあるのは〝アルコール〟と微塵も疑わず、確認しない結果がこれである。粗忽者《そこつもの》の所業は年をとっても衰えをみせない。そういえばユズで化粧水を作るのに買っておいたグリセリンだった。まあ、その後無事アルコールランプは点火し、フォンデュは美味しく食べることが出来たのであるが……。

この年季の入った赤胴の鍋を囲んだ人々を懐かしく思い出す。自慢にもならないが、この鍋は離婚時に手に入れたものである。まだフォンデュ鍋などポピュラーでない時代、知人がスイスに新婚旅行に行って食し、招待されてご馳走になったのが、最初のフォンデュ体験のような気がする。そして離婚後、当時の食事仲間である東北大学附属図書館の同僚と作った。手探り状態での初調理だった。

なにせ今ならどこでも手に入るチーズであるが、当時はそれらの食材を調達するのも大仕事だった。スイスチーズのエメンタール&グリュイエールは三越デパートの地下か明治屋でしか販売していなかった。レシピには他にキルシュヴァッサーとあるではないか。これ何？ ネットなどない時代である。どうもお酒らしいと判明したが、仙台のどこを探してもなく、結局断念した。これは

い。

サクランボの蒸留酒で、今なら入手可であるが、マイフォンデュは入れていな

もともとフォンデュ鍋は、チーズ農家があまったチーズをグツグツ煮込んだ家庭料理である。最初、キルシュヴァッサー以外はレシピ通りに作っていた。ニンニクの切片を鍋の内側に塗り、あとはチーズを削って白ワインで溶かす。鍋の材料はフランスパンが主であるが、野菜（ブロッコリーやニンジン、じゃがいもを茹でたもの）などなど。しかし、白ワインだけで溶いたチーズはコクが足りない？ような気がして、ホワイトソースを入れてみた。これが当たりであった。それ以来、マイフォンデュはホワイトソース入り、かつ、具もフランスパンだけのシンプルなものが一番と、それが定番となっている。

チーズも大量に削らなければならない。原初的なチーズ削り器、周りに突起がついたステンレス製、この作業が結構大変な技がいる。チーズだけでは足りず？指まで削ってしまうのである。何人かの人が血を流している。我が家の招待者は、調理参加と片づけが原則なので、犠牲になった人が多々いるのだ。

若くして40代で亡くなった親友がいる。食いしん坊プラス呑ん兵衛で、彼女

とは無数に食卓を囲んだが、彼女もよく指を負傷？していた。そして、宴の後、鍋底に焦げつき固まったチーズを、鍋を抱えてこそげ取って食べていた。定番の儀式だった。今は誰もそんなことはしない。だから、焦げついた鍋の後片付けに往生しながらよみがえる、彼女の懐かしい姿でもある。

閑話休題。チーズ削りに負傷者が出る、もちろん私自身も半端じゃない位指を削ったが、ある時から、優れもののチーズ削り器が出来た。回転式なのだ。チーズを小片に切り、それを入れて回すだけで、どんどんチーズが削れるのだ。今ではすっかりその世話になっている。

パウンドケーキ

私は田舎育ちではあるが、当時珍しい新手の西洋料理を早くから食していた。カニグラタンはクリスマスや誕生日のご馳走だった。今思えば、母は料理に関してはトレンディだったのである。ガスオーブン（今のような本式ではないが、ガス台の上に載せるような簡易なものだった）は早くから家にあった。高校の頃は電気オーブンで、一緒に、マドレーヌを焼いた思い出がある。因みに母に

あとで聞いたことだが、それらのレシピは、当時は新聞のコラムを読み、ラジオから情報を収集したらしい。後年は、テレビの料理番組が母の好みの視聴番組だった。

時は流れた。劇的な世界に一冊しかない手作り絵本を、ゼミ生からプレゼントされた。はて、その感謝の意をどうやって表せばいいのだろう。無い知恵を絞ったあげく、そうだ、久しぶりにケーキを焼こう！と思いついたのが、今のケーキ作りの始まりである。

短い結婚生活、自らの意に反して専業主婦だった私は、心の隙間をうめるように、また何かへのエクスキューズのように手作りにこだわった。パンも焼いた。これも今のようにパン焼き器などポピュラーではない時代、発酵も自分でやってバターロールなどを焼いていた。ケーキも作った。そんな時代が去り、それら手作りを封印して20数年が過ぎていた。でも調理道具は取ってあり、それを台所の隅から引き出して、本当に久々にパウンドケーキを作り、ゼミ生たちにご馳走した。もう苦い自分史から、本当に脱却したからケーキ作りが再開できたのだろう。そんな意味でも私にとってのパウンドケーキは意味があった。

そしてそれが好評で定番となり、レシピもいつの間にかアレンジした。パウンドケーキ、元々は小麦粉、バター、砂糖、卵を一パウンド（つまり同量）入れることがその名の由来であるが、マイケーキには甘さと油分を抑えた。中身も定番のドライフルーツにクルミから、冬には正月に残った黒豆に抹茶を組み合わせたりした。それに柑橘類の金柑を入れるとなお美味しくなる。美味しいと言われて、作り続けている。最近は香港の親友、黒山羊さんから教わったブラウニーが加わった。そしてアップルパイ、田舎暮らしで、食べたい時にすぐに買えない事情も反映して、今のケーキ作りがある。

さらに蛇足、ケーキを食べた友人のメール「商品にできますよ！　絶対。〝魔女のブラウニー〟とか〝抹茶と黒豆の魔女ケーキ〟とかネーミングを考えるだけでも、楽しくなりそう」と、こんな応援をもらって喜んでいる。

その他のメニュー

シェラクラブの記録ノートと記憶をたよりに、他の料理のことを記す。

当時はというか、仙台にいる間ずっと、調理した惣菜を実家からもらってい

くのが常態だった。実家で取れた食材も然り、だから、春には筍メニューが並び、母の定番だった鶏レバーの梅干煮がある。そして、ウナギのまぜご飯、ちらし寿司、ひじきご飯、ポテトサラダ、レタスサラダ、大根サラダと様々なサラダのバリエーション、時々ローストビーフ、彼女たちは集まりの後、貯金箱を用意して一人五百円ずつを投入していた。それがたまるとローストビーフのご馳走になった。思い出話で一番おいしかったものの一つが魚の塩釜焼き、白身魚に塩で厚く周りを固めて苦労して焼いた。手間のかかる中華おこわ、どこかのレストランで食べたのを模して餅ピザも作った。焼きそばも、お好み焼きも皆でわいわい食べると本当においしかった。おいしい思い出は今でも幸せな思いを運んでくる。

あとがき

『メディアにむしばまれる子どもたち』という本を著した小児科医、田澤雄作の講演載録（『週刊読書人』（3126,2016.2.5））を読んだ。映像メディア漬けが子どもから笑顔を奪い、言葉のシャワーを浴びずに育つ不幸な現代の状況が書いてあった。母親はスマホ、かたや子どもはＴＶ、互いの視線が交錯するばかり、見つめ合わないというのである。

これを読みながら、今回この本を執筆してくれた教え子たちのことを考えた。ちょうど育児期真っ只中にいる彼女たち、それぞれが書いた文章の端々から伝わることがあった。育児中の全員が、申し合わせたように子どもたちに本を読んでいる。そのなんと喜ばしい事実、図書館学の詳細な内容など覚えていてくれなくても、こんな素晴らしい実践をしていてくれたことが、ただただ嬉しい。感謝にも似た気持ちがわく。

同時に本を見る目が、仕事にも生かせ、そして育児にも「本を選ぶ力」が役にたっている。これも新たな発見である。

ブックレビューについて最近納得いく文献を目にした。『アメリカ児童文学の歴史:300年の出版文化史』(レナード・S・マーカス 著 原書房刊)を読み、アメリカで司書の力量を上げてきたのは、書評の力が大きいと改めて認識した部分がある。本を読み梗概をまとめ、他へ発信する力は、その人間の思考を築いてゆく上で、大きな部分をしめるのではないだろうか。

凄惨な事件ばかりが続く世の中、幼児の殺害も後をたたない。しかし、なぜか教え子たちとの世界には、不思議と平和があった。本によって守られている。「読書は平和を守る」という某出版社のコピーがあったが、まさにそんな感じである。個々の心の平和が、世の中全体の平和につながるなら、こんな嬉しいことはない。

今回の執筆者たちとの長いつき合いの中で感じたことがある。手前味噌を承知で言うが、彼らが書く文章が、ある時からまるでギアが切り替えられたように変化することがあった。それはとても嬉しい驚きでもあったが、今回の企画、上げられてくる原稿は、学生当時とは違っていた。それぞれの人生が加味された何か、力ある文章になっている。

さらに、独断のプロフィールを書きながら、思ったことがある。心地よい思い出に満ちている出会いに改めて感謝するとともに、その不思議を考えた。つまり、彼らとの交流は、自らの嫌な部分が出ないのである。彼らの素晴らしさが、こちらの負の部分を引き出さないつき合いだった。善き人でいられる僥倖《ぎょうこう》をも感じるのである。

また、各自の文中に書かれた私は、少々どころか大いに面映《おもは》ゆいことばかりである。素直に皆からの言葉だと思うことにした。他の部分でも、全体的に自画自賛的になっている部分もあるかもしれず、どうかご容赦頂きたい。

編集者として、はからずも各執筆者の人生、生活もあぶりだされるようで興味深かった。ブックレビューの1000字ほどの文章の中に、それらが凝縮されている。学生時代から年を経てそれぞれが通り過ぎた人生、一筋縄ではいかなかったであろうものを含めて、でもそれらを軽やかに超えて今がある。そこになぜか、人生への、そして人への限りない優しさを見るのだ。読書の中に解答を見出しているのではないかと、深読みした。個々のつぶやきは小さいものであるかもしれない。でもそれらに普遍性を見る。

そして、この本に関わったことが、彼らの人生の拠り所となり、応援歌になってくれたらと思っている。

企画の段階から校正まで、八巻千穂さん、斎藤由理香さん、稲妻晶子さんにお手伝いを頂いた。この場を借りて感謝申し上げます。

そして、この企画のアイデアを下さり、本にして下さった編集者の登坂さんにお礼を申し上げます。

平成二十八年六月

編著者　大島　真理

本の索引

大島真理（おおしま　まり）

1948年宮城県生まれ。山形大学卒業。東北大学附属図書館、91-92年アメリカウェスト・バージニア工科大学図書館にてインターン。元東北福祉大学准教授（図書館学）、エッセイスト。著書に『無口な本と司書のおしゃべり』『ふるさとの臥牛に立ちて』『司書はときどき魔女になる』『司書はふたたび魔女になる』『司書はなにゆえ魔女になる』『司書はゆるりと魔女になる』等。

魔女《まじょ》っ子《こ》たちの図書館学校《としょかんがっこう》

2016年7月21日　初版発行

編著者　大島　真理　
発行者　登坂　和雄
発行所　株式会社　郵研社
〒106-0041　東京都港区麻布台3-4-11
電話（03）3584-0878　FAX（03）3584-0797
ホームページ http://www.yukensha.co.jp
印　刷　モリモト印刷株式会社

ISBN978-4-907126-03-2　C0095
2016 Printed in Japan
乱丁・落丁本はお取り替えいたします。